こども庁

―「こども家庭庁創設」という波乱の舞台裏―

山田太郎

星海社

268

SEIKAISHA SHINSHO

2021
1.24

菅義偉内閣総理大臣との
面談のため
首相公邸を訪れる

菅義偉総理と面談した首相公邸の外観（出典：首相官邸ホームページ）

はじめに

２０２１年1月24日。とても寒かったけれど、よく晴れた運命の日曜日。日本のこども政策の歴史が大きく動いた日となりました。

人影のない日曜日の午後の永田町、私は夜通しで作った提案書を手に、時の宰相〝菅義偉内閣総理大臣〟との面会のため、冷んやりとして静まり返った首相公邸に向かいました。4日前、突然官邸から連絡があり、総理からの面会の要請を伝えられた時は、正直驚きました。いち議員の私に、総理から直々のお呼び出しがかかるとは露ほども思っていませんでしたから。同時に、「これはチャンスだ！」、そう思ったのも確かです。

菅総理からのリクエストは「政治におけるネット活用について意見を聞きたい」というものでした。

２０１９年７月に行われた第25回参議院議員通常選挙で、私は自民党の比例候補の中で一番を目指し、53万票の得票を目標に掲げました。その後、ツイッターやＬＩＮＥ、動画などネットを中心とした選挙活動を行い、54万人超に投票していただいて当選。これが「ネット選挙」などと注目されたことから、菅総理は私に、特に「若者に向けてＳＮＳをどう活用するのか」意見を聞きたいとなったわけです。

面会時間の予定は、10分〜15分しかありませんでした。

しかし、国会議員になって以来、野党時代から主張し続けてきた「こども庁」の創設案を、直接総理に訴えられるのはこの機会しかない、そう確信したのです。

「この国のこどもたちが置かれた危機的な状況を、なんとか改善したい。そのためにはこどもの問題に真摯に取り組み、責任を負うリーダーシップが絶対に必要だ」この思いを胸に、議員としての仕事を続けてきました。虎視眈々とこの日を待っていた、とまでは言いませんが、「いつか機会があれば、必ず」との思いを抱き続けてきました。

大急ぎで、事務所のスタッフの力を総動員し、提案書と関連資料をまとめることにしました。総理との面会までは4日の猶予しかありません。

しかし、事務所の秘書たちからは、猛反発を食らいます。

「総理が希望されている面会の趣旨と、全く異なる提案書を出すべきではありません。自民党一年生議員としてあまりに図々しすぎます！」と皆、声を揃えるのです。


それはわかっています。しかし、そんなことは言ってられない。

今しか「こども庁」について、トップに提言するチャンスはないのです。非常識でも図々しくても構わない。こども達を救うためには、総理直轄の責任部署として新しい庁をつくるしか道がない――そう確信していました。


もちろん、いち議員が総理に突然、新しい庁の創設を提案するなど、そう許されることではないのかもしれません。しかし、それでもいい、と覚悟しました。

元々私は空気を読めない人間なのでしょう。しかし、これが強みでもあると思っています。

思い起こせば、会社を上場までさせた私が、急に経営者を辞め、2010年に当選の見込みもほとんどない参議院選挙に出馬したときも、空気が読めない人だと散々言われました。

最初に出馬した参議院選挙の得票数は、3万663票。比例名簿登載者中10番目で落選でした。ところが、2012年12月に私の上位にいた3人の参議院議員が衆議院議員選挙に立候補するために議員を辞職したため、繰り上がり当選して最小得票当選者となってしまったわけです。空気を読まず、〝棚ぼた〟のように、議員になったのが私です。

しかし、せっかく議員になったのだから、「やりたいと思うことはなんでもやってやる」と心に決め、全力で議員活動に邁進しました。特に力を入れたのは、ネットの声に耳を傾けることです。特定の支持団体を持たない全国比例の国会議員でしたので、ネットを通じて一人ひとりの国民と直接対話しながら政策を考えていきたいと考えました。その中で、「表現の自由」が脅かされている、守ってくれる国会議員が必要であるという声が多く寄せられました。これらの声は切実で、強く心を動かされました。そこで、私は、「表現の自由」を守ることを重要政策として掲げ、議員活動の中心に据えたのです。「票にも金にもならないからやめておけ」という周りの声を無視し、空気を読まずに。

反対する秘書を説得し、なんとか事務所が一丸となって提案書と関連資料をまとめあげ、公邸で菅総理と対面。その際、私が最初に総理へ発した言葉は忖度なしの一言。

「総理、ＳＮＳの活用方法が重要なのではありません。大切なのはＳＮＳで発信する政策の中身です」

一国の総理に向かって、一年生議員がこのように言い放ってしまいました。

「自民党に居場所がなくなるかな……」との不安が脳裏をよぎりましたが、もうこうなれば、はっきり言うしかありません。私は、どの派閥にも属さず、特定の団体からの支援ももらっていません。元々切れた凧のような議員なのです。

総理から求められたことにしっかり応えるなら、はっきり言ったほうがいい。そう考えて総理にはズバッと言いました。

「首相官邸のアカウントで、総理が流しておられるツイートは、はっきり言ってただの〝日誌〟です。日々、どこに行き、何をしたかを記録する総理のツイートなど誰も求めていません。もっと熱量を持って、何を考え、どう行動するつもりか、メッセージを伝えなくては何も伝わりません」と。

それから、私は「総理、〝菅義偉〟でエゴサした結果を見てください」と言って、批判の声も賛同の声も含め、ネットのリアルをその場で見せました。「これが国民の声です」と。

「……」

総理は、驚いたような顔をしていましたが、「なるほど」とうなずいていました。

SNSについての話はそこで終了。ここからが肝心です。私は突然、エクセルの表をまとめた資料を総理の前に出しました。

「総理が先日（2021年1月）行った施政方針演説、あれでは菅政権が進めようとしている政策が国民に伝わりません」と。

よく言ったものだと自分でも思います。しかし、菅総理はその演説のなかで、『不妊治療』『三十五人学級』など具体的ではあるものの細かすぎる施策ばかり並べていました。ただし、一方で、『防災』『デジタル化』など時代が必要としていることについても言及していました。ですから私は、そうした政策を『こども庁』『デジタル庁』『防災情報庁』と、まず大きな枠組みを整理して進めたほうがいいのではないか、とそういう提言をしたのです。

さらにその後、聞かれてもいないのに、私は、わが国のこどもたちが置かれた状況について大量の資料を示して説明を始めました。

最大15分間の予定時間を大幅に超えて、私は1時間ほどかけて、事務所で作ったパワーポイントの資料を使って、一枚一枚丁寧に今の日本のこどもたちを取り巻く危機的状況を説明し、それらの諸課題を解決するための司令塔として『こども庁』をつくる重要性を訴えました。

菅総理は、普段から非常に寡黙な方です。私が話している間、ほとんど声を発することがありませんでした。時折うなずきながら、静かに聞いていたのです。

総理の反応は読みにくく、正直戸惑いましたが、とにかく最後まで私の話を聞いてくれました。そして、「携帯電話の番号を教えてくれ」と帰り際に言われたことで、「繋がった！」とかすかな希望の光が見えた気がしました。

そして、その2日後、加藤勝信官房長官（当時）から私の事務所に直接連絡が入りました。

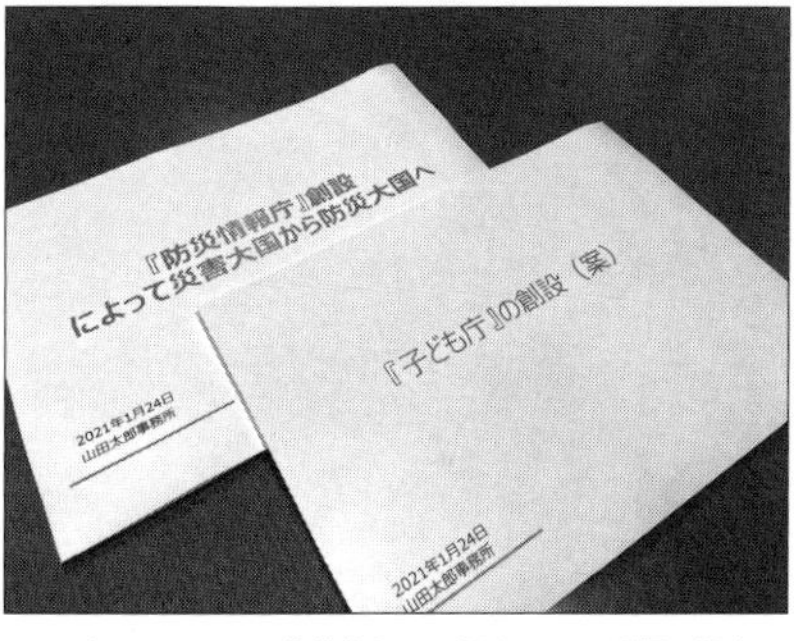

2021年1月24日　菅義偉総理に提出した2種類の提案書（撮影：山田太郎事務所）

「総理が『こども庁』に大変興味を持っている」と。

菅総理と首相公邸で面会した日、こども政策の歴史が大きく動き、それから約1年半、私たちの必死の闘いが繰り広げられることになります。

「こども家庭庁」創設に至るまで、順風満帆とはとても言い難いものでした。議論がとん挫しそうな危機は何度も訪れましたし、多くの反対にも遭いました。名称問題についても、紆余曲折がありました。

それでも、信念を持って行動していけば、政治や世論を動かすことができる。

多くの仲間や協力いただいたさまざまな方々、何より国民の後押しによって、ひとつの庁をつくることができたのです。2021年、2022年の国会は「こども国会」と言われる程、さまざまなこども政策にまつわる議題が国会の内外で主軸として議論されました。これまで、こども政策が国会で中心の議題になることなどなかったことを振り返ると、今は、隔世の感があります。

本書は、総理への「こども庁」の提案から、「こども家庭庁」ができるまで、約1年半にわたる軌跡を追ったものです。
「こどもまんなか」の大切な政策を進めるにあたり、「こども家庭庁」や「こども基本法」などが、どのような考えや議論を経てつくられたのか。そこに深く関わった当事者として、その舞台裏を含めて記録したものです。また本書は、私自身の「2021年の物語」でもあり、この大波乱の1年半をともに乗り越えてくれた、仲間たちの想いの記録でもあります。

議員や強い思いのある関係者の一人ひとりが諦めずに動けば、政治は変わる、世論は動く。

多くの方々に、関心を持ってもらえたら幸いです。

面談後、菅義偉総理と首相公邸にて
（撮影：山田太郎事務所）

目次

第3章 普通にやったら潰される⁉ こども政策を先導したゲリラ組織の勉強会 73

第4章 山は動いた！ ～菅義偉総理の決断～ 95

第9章 こども家庭庁の役割とこども政策推進のために　今必要なこと―― 181

第1章 それでも政治は動かないのか？

こどもが置かれた現状と「こども庁」の必要性

2021
9.21

総裁選の直前に、
北海道旭川市で
亡き廣瀬爽彩さんに
手を合わせる

旭川市永山中央公園にて（山田太郎事務所撮影）

1. 誰がこどもの命を救うのか――日本のこども・子育て世代が置かれた状況と課題

「誰も本気じゃない」

そのことに無性に腹が立った――それが、私が「こども庁」創設に取り組むことになった最大の動機です。

先進国といわれる日本において、こどもは危機的な状況に置かれ続けてきました。児童・生徒の自殺者数は統計開始以来過去最多の５１４人、児童虐待の死亡児童は54人、いじめ重大事態は７０５件、不登校児童は24・5万人。

こどもの精神的幸福度は、経済協力開発機構（OECD）参加国の38カ国中37位。ひとり親家庭の相対的な貧困率は約50%――OECD中で最も高い水準です。妊産婦の死因の1位は自殺、なんとその多くは無理心中です。そのため、児童虐待で死亡したこどもの半数がゼロ歳ゼロ日となっています。先進国と言われる日本で、こんなことが起こって

こどもの命に関わる課題

児童生徒自殺者数	児童虐待で死亡した児童	児童相談所の虐待相談対応相談数	いじめ重大事態
514人 統計開始以来過去最多 (2022年厚生労働省公表データ)	54人 (2022年警察庁公表データ)	約20.7万件 前年より増加 (2022年厚生労働省公表データ)	705件 5年前の1.7倍 (2022年文部科学省公表データ)
小中学校における不登校児童	**こどもの精神的幸福度**	**妊産婦の死因**	**ひとり親家庭の相対的貧困率**
約24.5万人 過去最多 前年から4万 9000人増加 (2022年文部科学省公表データ)	OECD 38か国中 37位 (2020年[ユニセフレポートカード16])	1位 自殺 (2018年厚生労働省研究班公表データ)	約50% OECD中日本が最も高い水準

(山田太郎事務所作成)

いるとは信じられない思いです。

こどもの命が守られない日本

最も憂うべきことは、こうした問題に真っ向から取り組み結果を出した政治家が、ほとんどいなかったことです。毎日のようにいじめや虐待の事件がニュースで流れています。それでもどれだけの人が本気で動こうとしたのかは疑問です。

こどもを取り巻く状況には、教育格差、貧困、待機児童問題、育児と仕事の両立問題など多くの課題要因が、複雑かつ密接に関連し、連鎖しています。それぞれの課題はなかなか解決されることなく、むしろ悪化しているとも言えます。取り組むべき問題は山のようにあります。

そして、何をおいても守らなければならないのは、こどもの命です。その大切な命が守られていない現状がある。自殺や繰り返される不慮の事故がこどもたちの命を奪う大きな原因になっています。

予期せぬ妊娠やひとり親の生活苦、夫婦間不和などで、産前産後にうつになる母親も多く、社会や家庭内の問題のひずみが、孤独・孤立や、最悪の場合虐待となってこどもたちを追い詰めていきます。そして、妊産婦の死の原因の1位が自殺、その多くが無理心中という状況を生んでいます。

家族関係社会支出は先進国の中でも最低の日本

こうした問題に対応するのは児童相談所や、警察、教育委員会や学校などさまざまな行政機関です。しかし、実情は、厚生労働省、内閣府、文部科学省、法務省、警察庁といくつもの府省庁にわたって担当分野がバラバラです。府省庁の複雑な縦割り構造の中で、問題が起きても解決のプロセスや責任者が明確でないという現実がある——同時に、現場は担当者の人員不足、専門家の人手不足で、誰も、こどもたちの問題に責任を持って取り組むことができない状況が、長く続いていたのです。

これはまさに政治の責任以外のなにものでもない。法律と行政の不備のために、この時代の日本に生きているこどもたちの命が守られないなんて、許されることではありません。

経済協力開発機構の調査では、日本のGDPに対する「家族関係社会支出」割合は、2019年度で1.74%。これは、先進国の中で最低のラインとなっています。家族関係支出と教育費支出をそれぞれ他国と比較しても、こども政策に使われている予算が非常に少な

こどもに関する行政の縦割り問題

	厚労省	内閣府	文科省	法務省	警察庁
こどもの発達支援	保育園 医療的ケア児支援 障害者支援	認定こども園 企業主導型保育 ベビーシッター	幼稚園	少年院 矯正施設	非行防止
	乳幼児健診 予防接種 母子手帳	少子化対策 孤独・孤立対策	学校健診		
児童虐待DV対策等	婦人保護施設 母子生活支援施設 児童相談所 児童養護施設 乳児院、里親	配偶者暴力相談 支援センター 女性センター	学校での いじめ対策	人権救済	事件化
施策	産前・産後ケア支援、小児医療・周産期医療体制の整備 成長に応じた性教育、希望に寄り添う不妊治療、CDR（チャイルド・デス・レビュー） DBS（保育・教育従事者の無犯罪証明）、こどもホスピス 食育、こども食堂・こども宅食の支援 など				

（山田太郎事務所作成）

諸外国の家族関係支出対 GDP 比（2015 年ー2017 年平均）

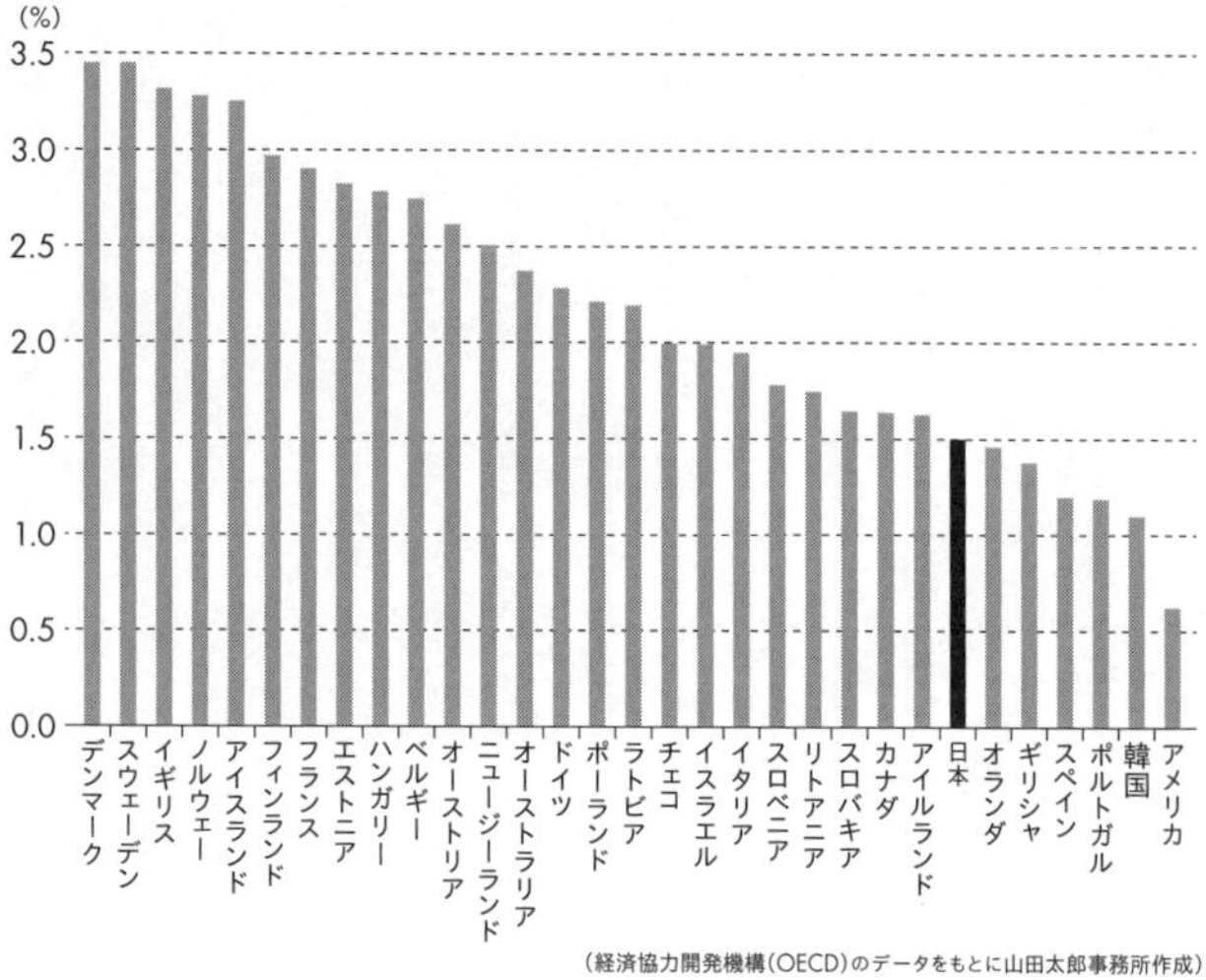

（経済協力開発機構（OECD）のデータをもとに山田太郎事務所作成）

いことがわかります。

ただやみくもに予算を増やせばいいということではありませんが、欧州並みの3％台——つまり約2倍まで引き上げるべきだと私は考えています。

2. 穴だらけのこども政策——政治のゆがみが招いた3つの事件

ここ数年、虐待やいじめによって命を失うこどもたちの事件が後を絶ちません。かけがえのない命を失ったひとつひとつの事例が、痛ましく、許されるものではありません。そんな中でも私にとって、忘れられない3つの事件があります。

ひとつは、2018年東京都目黒区で、十分な食事を与えられず虐待死した船戸結愛さん（当時5歳）の事件。もうひとつが、2019年に千葉県野田市で父親からの激しい虐待の末亡くなった栗原心愛さん（当時10歳）の事件。そして2021年3月に北海道旭川市で凄絶ないじめの末亡くなった廣瀬爽彩さん（当時14歳）の事件です。

右の3つの事件に共通して言えることは、最悪の事態を止められなかった大きな原因が、何よりも行政の仕組みの中にあったのではないかということです。誰も、最後まで責任を持って助けることができなかった、あるいはそうできなかった仕組みがあった——つまり政治の責任で防げなかった死だった可能性があるのです。

こどもたちからのSOSに誰が対応するのか

2021年3月2日、私が共同事務局を務めている、Children Firstのこども行政のあり方勉強会に、船戸結愛さんの香川県での主治医だった、木下あゆみ先生（国立病院機構四国こどもとおとなの医療センター小児アレルギー内科医長）に来ていただき、小児科医から見た「子ども虐待」について、説明をもらいました。

船戸結愛さんは、2016年に香川県に住んでいた頃から虐待を受けていました。結愛さんと木下先生が初めて会ったのは、2回の一時保護の後。週に1、2回、母親の相談にものりながら、結愛さんの診察をし、児童相談所や警察とも連携をとっていました。

ところが2018年、一家は東京へ転居することになります。最後に「先生、また、夏休みに来るね」と手を振って帰っていった後、東京の児童相談所にケース移管されました。先生は、結愛さんが心配で東京の児童相談所に直接連絡を入れたそうですが、その時まで、児童相談所の職員は結愛さんに会えていなかったということです。このようなケースでそれだけ長い期間会えていなかったことに大きな危険を覚えますが、転居後の状況を知る術はありませんでした。先生が、結愛さんのその後を知ったのは、両親から虐待をうけ亡くなったという報道を通じてでした。

しかし、先生から見ると、転居前の結愛さんのようなケースは、度々あるケースであり、特別に対応が悪かったわけではなかったと言います。

「私たちは、ぱっと見小さなケガですが見逃してはいけない大事な所見、こどもの言動や、親子の様子などを注意深く診ています。虐待かもしれないケース、もっと手前の育児支援が必要なケースは本当にたくさんあり、ニュースになっているのはほんの一握りなんです。しかし、結愛さんのケースでどこが問題だったかと言えば、医療機関と児童相談所の虐待の重症度判断の差や、県外に引き継ぐ際に県ごとにやり方が違ったために隙間ができてしまったこと。それにより、綻びが出て命を落としてしまうことになったということです」

現場では、こどもの為に一生懸命になっている大人が大勢いるにもかかわらず、転居を繰り返すことで、自治体間で情報が分断されうまく引き継がれない。行政の問題でこどもの命が守られていない現状を目の当たりにしました。

栗原心愛さんは、２０１７年7月に沖縄県糸満市から千葉県野田市に転居して数か月の時点で、父親からの暴力が疑われていました。そして、通っていた小学校のいじめアンケートに「お父さんにぼう力を受けています。夜中に起こされたり、起きているときにけられたりたたかれたりされています。先生、どうにかできませんか（原文ママ）」と書き、懸命にＳＯＳを出していました。その翌日一時保護を受けたものの、なぜか翌月には親族宅での養育を条件に一時保護は解除されます。さらに、野田市教育委員会がアンケートのコピーを父親に渡してしまうという問題も起こりました。２０１８年12月末には、心愛さんは親族宅から父親が待つ自宅へ戻され、その後ひと月もしない間に、度重なる虐待を受けて、命を落としました。その間、管轄の柏児童相談所は家庭訪問さえしないままでした。心愛さんの対応をしていた柏児童相談所は、管轄する地域の人口が１３０万人（２０１５年国勢調査）とカバーする範囲が当時の他の児童相談所と比べて平均（60万人程度）を大きく上回っていた問題も、浮き彫りになりました。

廣瀬爽彩さんは、２０２１年、北海道旭川市で氷点下10度を下回る2月に行方不明となり、凍死体として発見されました。報道によると、彼女はその2年も前から、上級生らに凄絶ないじめを受けていました。裸の写真の撮影や、目の前での自慰行為を強要され、動画まで流されている――卑劣極まりない行為です。追い詰められ川に飛び込む自殺未遂を行い、1か月の入院もしたとされています。

もはや、いじめと呼べるようなものではありません。

北海道第二の都市で見た！　穴だらけの事件対応

なぜこんなことが立て続けに起きるのか。なぜ誰も止めることができないのか――私はこども庁創設が重要テーマとなっていた自民党総裁選の真っただ中の2021年9月、「こども政策公開討論会」が行われる前日に、1日だけ時間を捻出し、旭川市に飛びました。旭川市教育委員会から直接話を伺うためです。廣瀬爽彩さんの命が奪われた事件について、いじめ「重大事態」としての第三者委員会の調査が一向に進んでいない原因や、今後の方針について教育長からとことん話を聞くつもりでした。

なぜ死に追い込まれる前に適切な支援ができなかったのか、爽彩さんの死を防ぐことができなかった原因は何か。ご遺体が見つかった場所で花をたむけ、手を合わせながら、どんなに苦しくつらかっただろうと思うと、怒りが込み上げてきました。

いじめ防止対策推進法は、議員立法で2013年6月に成立しています。しかし、せっかく制定された法律が全く機能していない状態だったわけです。この法律の所管は文部科学省でしたので、私は当時の文部科学大臣とも事前に連絡をとり、旭川市教育委員会等への指導や助言を徹底してほしいと要請しました。大臣からは、「文部科学省からは、すでに担当課長を旭川に派遣した」との返答でしたが、それでも事態は変わらず、何も解決されていなかったのです。

旭川市教育委員会からのヒアリングでは、次のような回答がありました。

「爽彩さんが川に飛び込んだ事件は把握しているが、関わった児童との関係や警察からの情報を総合的に判断し、いじめ

2021年9月21日　旭川市教育委員会教育長との面談（山田太郎事務所撮影）

という認定はしなかった」

爽彩さんの事件では、警察が捜査を行う事態にまでなっており、2021年4月に、この事件は「重大事態」と認定されているのに、なぜ「いじめではない」ということになるのか。第三者委員会の公平性や中立性も疑われるものがありました。

結局のところ、教育長からは、旭川市で十分な数の専門委員や弁護士を集められないことが、調査が滞っている理由だという回答がありました。滞っているといっても、教職員や児童生徒への聞き取りはおろか、アンケートも実施されておらず、実質、具体的な調査は全く行われていなかったのです。

いじめ対策の3つの致命傷

ここで大きな3つの構造的な問題が見えてきました。それは、

①いじめの積極的な認知を可能とする仕組みができていないこと
②中立で公平な第三者委員会が設けられていないこと
③第三者委員会によるいじめ重大事態の調査期限が設定されていないこと

爽彩さんへのいじめの疑いは明らかといってよいものでしたが、「いじめ防止対策推進法」によれば、いじめの疑いを認定するのは学校や教育委員会であり（28条1項）、学校や教育委員会が「いじめはなかった」と言い張れば、「重大事態」としての対処が行われないということになってしまいます。また、いじめの疑いがあったとして「重大事態」としての対処が行われることになっても、調査を行う第三者委員会が、「いじめがあった」となると不利益を被る学校や教育委員会の関係者によって構成され、中立性・公平性が保たれないケースが多々あります。しかも、いじめ重大事態の調査に期限がないために、ずるずるとその認定が先送りされ、被害の救済や再発の防止がないがしろにされてしまっていることも少なくありません。

これではこどもたちを救うなど無理です。

こども政策の地域格差

旭川市の教育長は、私が直接面談した際「旭川市には、いじめ対応の専門家がおらず、第三者委員会の委員への報酬が条例で日当7700円と定められていることもあり、経験のある弁護士等に依頼しようにもなかなか難しい事情がある」と証言しました。
旭川市は、2021年の調査で人口32・9万人、北海道で札幌に次ぐ第二の都市です。そのような大都市ですら、こども政策に予算を割くことができず、こども政策担当者も専門家も集められないというのであれば、他の小さな市区町村はどうなるのでしょうか。全国47都道府県にある1741の各市区町村の全人口の中央値は2万3000人です。当然、もっと人口が少なく、担当者や専門家が不在な地域はごまんとあるわけで、事実上ほとんどの自治体がこどもを専門的にケアする職員を配置できていないということは明らかです。妊娠、出産、児童養護、保育、教育、医療……すべてにおいて、地域格差が生じている。生まれた場所によって、いざという時に救われる命と救われない命があるということは、この日本で許されることではありません。

このことが、国が責任を持ってユニバーサルサービスとしてこども政策を実施していく、「こども庁」が必要だと考えた理由のひとつです。

3. 司令塔は誰だ！　責任者なきこども政策の執行体制

２０２０年度、０歳～14歳のこどもの不慮の事故死は年間２００件を超えました。しかし、その命の責任を誰が取るかということが、明確ではない。長い間、どこにも司令塔がいないのが、日本のこども政策だったのです。

例えば、こどもが亡くなってしまったとき、どこが責任を持って調査や報告をするのか。亡くなった場所が、学校や幼稚園であれば文部科学省の管轄になります。保育所で亡くなれば、これは厚生労働省の問題になります。遊んでいた公園で事故に遭ってしまったとしたら国土交通省の管轄になり、遊園地なら経済産業省、手すり等が絡むと消費者庁の管轄となります。

このように、事故が起きた現場等によって、複数の府省庁に分断されて管轄が異なり、責任部署も存在しませんでした。そうするとこどもの死亡事故などのデータが蓄積されず、再発防止対策を取りようがないということになります。行政の対応も無責任なものとなります。

川遊び中に亡くしたわが子——その死因がわからない

２０１２年７月愛媛県で当時５歳だった吉川慎之介くんが、川遊び中に亡くなるという事件がありました。

慎之介くんは、私立幼稚園でのお泊まり保育に参加した際、川で水遊びをしていたところ、川が増水し、他の３名の園児と共に流されました。ライフジャケットは着用しておらず、このうち慎之介くんだけが亡くなったのです。死体検案書には「溺水」とあったものの、詳しい死因は当初、遺族に知らされませんでした。

愛する息子が、どのように命を落としてしまったのか、親御さんがその原因を知りたいと思うのは当然のことでしょう。しかし、保護者が県と市に再発防止を目的とした調査委員会の設置を依頼しても、私立幼稚園に対する指導権限がないという理由で却下されました（２０１４年に私立学校法の一部改正がなされ、現在は私立学校における立入検査が明文化されています）。また、文部科学省も

2021 年 2 月 16 日　第 3 回 Chirdren First のこども行政のあり方勉強会に参加した吉川優子さん 一般社団法人吉川慎之介記念基金代表理事
（山田太郎事務所撮影）

「地方自治体の対応がすべて」だという回答をしたというのです。幼稚園管理下の保育・教育活動で、こどもたちが誰もライフジャケットをつけていなかったことから、当時、幼稚園のプール事故を調査していた消費者安全調査委員会に事故等原因調査等の申出書を提出、しかし、「川での水遊びは消費サービスに該当しない」という理由で却下されました。

結局、事故調査や原因究明の責任の所在がわからないまま、ただ時間だけが過ぎていきました。

事故から2年たった2014年、刑事事件として起訴されたことにより、被害者参加制度を利用し捜査資料を閲覧できたことで、ようやく慎之介くんの溺死の状況が明らかになりました。事件から4年後、元園長の刑事責任が認定され、業務上過失致死で有罪判決が確定しました。

しかしその間、親御さんは自らの子が亡くなった原因や責任の所在を知らされずにいたのです。どれだけ悔しかったことでしょうか。

死因の究明無くして再発防止はできない！　失われた4500名もの命とCDRの重要性

慎之介くんの例だけではありません。2012年から2019年までの7年間で、不慮の事故で亡くなった0歳〜19歳までのこどもの数は、4506名。それらのほとんどが、責任の所在が不明のまま、まともに死因の究明も行われていないのが実態です。これでは再発防止ができるはずもありません。こどもの問題の責任を一手に引き受ける政府の責任部署がなくては、事態は解決されようがないのです。まさに、これが縦割り行政の弊害です。

同時に、国と都道府県、市区町村でこども支援、こども政策が分断してしまう「横割り問題」も大きく絡んできます。先ほど言及した船戸結愛さんの事件は、まさに、転居を機に自治体の連携が取れず、必要な支援が途絶えてしまったこと

「縦割り」×「横割り」×「年代割り」の問題

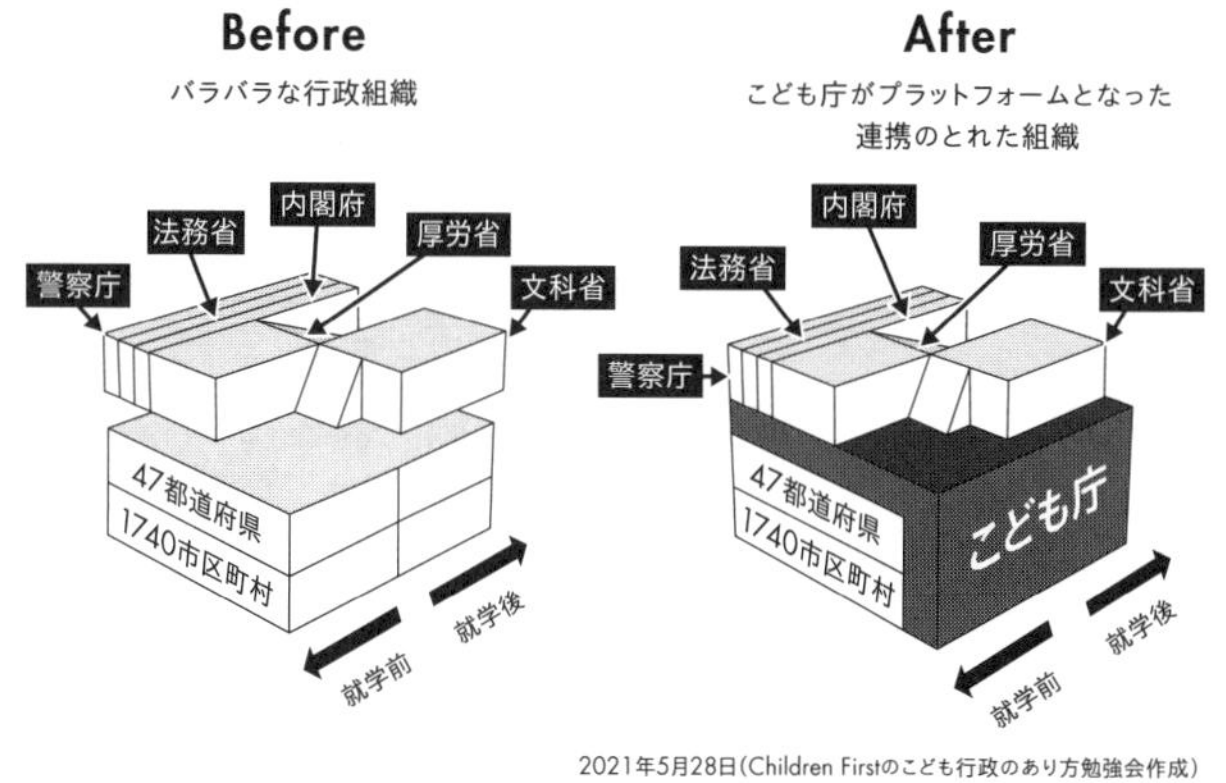

2021年5月28日（Children Firstのこども行政のあり方勉強会作成）

で、最悪の事態が招かれてしまった例です。

このように、管轄部署の所在が明らかでなく、最終的な責任を誰も取らない——そんな国のあり方でこどもたちの命を守れるのでしょうか。

こどもの死について再発の防止のために原因の究明を行う、いわゆるCDR（チャイルド・デス・レビュー）が、欧米諸国などでは「予防できるこどもの死」を減らすために制度化され、具体的な対策によって成果を上げています。

日本でも当然、こどもの不慮の死について、原因の究明と再発の防止に努めることが必要であり、これこそ、政治の最大の責任のひとつであると私は考えています。

CDRとは、こどもが死亡した際、医療機関や警察など、複数の機関が情報を共有し、こどもの既往歴、家族背景、死に至った直接の経緯などの情報を調べ、再発予防の可能性を検証していくことです。これがないと、将来的にこどもの死亡率を減らしていくことはできません。

4.「こども庁」は時代の要請！　こども政策をユニバーサルサービスに

「困難を抱えるこどもの支援」と一言で言っても、こどもたちの置かれた状況というのは、さまざまな背景があります。そのこども達を救うためには、医療機関、学校、警察、児童相談所、地方自治体、地域の非営利団体等、当然いくつもの機関や自治体をまたいで協力することが求められます。

例えば、「医療的ケア児」といわれるこどもたちが置かれた状況も、まさに分野をまたいだ協力が必要です。医療的ケア児とは、人工呼吸器や胃ろう等を使用し、たんの吸引や経管栄養などの医療的ケアが日常的に必要なこどもです。そのこどもたちが、治療を受けながら学校に通いたいと希望を出すことだって当然あります（＊1）。「病気や障がいがあっても、みんなと一緒に学校に通いたい」という、こどもたちのシンプルな願いに向き合っている一部の自治体では、そうしたこどもたちが学校に行けるよう熱心に取り組んでいるとも聞きますが、すべてのこどもの願いが叶えられているわけではありません。まだまだ行政の縦割り、地域の横割りの弊害によってこどもたちを総合的にサポートできる仕組みが不足している自治体が多いのが現状です。

児童相談所でも同様の地域格差の問題があります。2004年に中核市の児童相談所の設置を可能とする児童福祉法が改正されましたが、中核市で児童相談所を設置したのはたった4市です。2023年の時点で中核市62市のうち設置済4市を除き、「設置予定」または「設置の方向で検討している」のもわずか6市程度です。現場からは、財政や人材の不足が指摘され、一方、現状の体制で十分だ、という理由で難色が示され、一向に進んでいません。児童相談所を設置するには予算がかかることは事実です。しかし、諸外国と比較しても、日本は児童相談所1か所あたりの管轄人口が極めて多く、適切な対処が不可能なほどのケースを抱えているところもあります。日本のどこで生まれたか

こどもを取り巻く状況とその要因と担当府省庁（2019年当時）

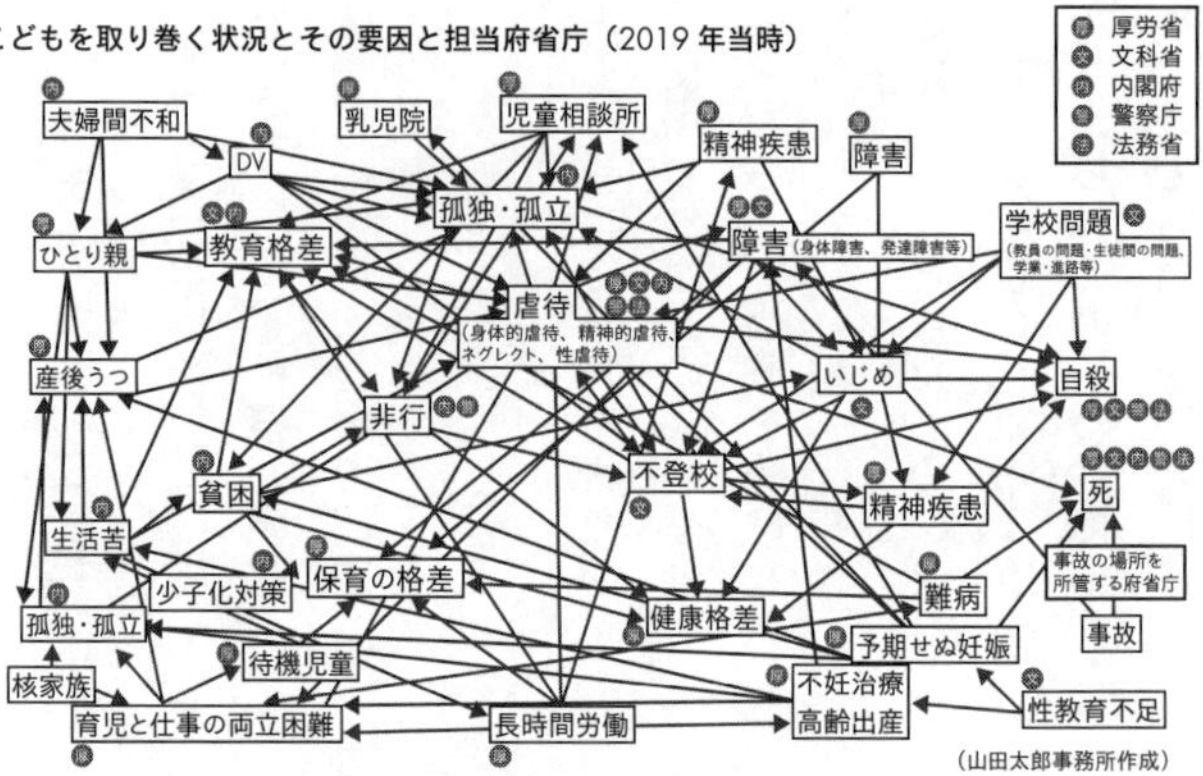

（山田太郎事務所作成）

現代のこどもを取り巻く課題や社会実態と府省庁の構造が合っていない
こどもに関する政策を網羅的、一元的に把握し、司令塔となっている府省庁がない

によって、受けられる支援が違う、助かる命と助からない命がある、というのが現実なのです。こどもの命に関することを、「地方自治の尊重」といって地域に任せきりにしているといっても過言ではありません。

こどもは生まれる地域を自分で選べません。私はこども政策に関しては「地域格差」を是正し、ユニバーサルにすべきだと考えています。最低限のこども政策は全国どの自治体でも同じ質と量が保障されるよう、国が責任をもって展開し、その上で地方自治体には、地域独自の施策を行ってもらう。それが、こどもに対する責任だと考えます。

こどもや家庭の置かれた環境の悪化、少子化の急激な加速——こどもや若い世代から目に見えない悲鳴が上がっているのです。その現実を解決するために、国が行政のあり方を検討していくことは当然のことであり、しなければならないことです。私は、「こども庁の創設」は時代の要請だと思っています。

「この国でこどもが死ぬということを無くしたい」こう私は思っています。もちろん、その数を0にするということが現実的ではないということは、残念ながらわかっています。

しかし、「わが国ではこどもは死なないのだ」という理想を掲げてそこに向かっていくことを諦めるわけにはいきません。

そのために精一杯努力をしていく。それが政治家の最大の役割です。それでも、大切なこどもが亡くなってしまったときには、その原因が徹底的に究明されるべきであり、二度と同じことが起きないよう全力を尽くすべきです。

どうにかして「こどもが死なない国」になることを目指し続ける。それが政治の第一の責任だと信じているのです。

＊1 2016年に児童福祉法の改正案が成立し、法律の中に医療的ケア児に関する文言が記載されたものの、医療的ケア児への支援拡充は努力義務に留まっていました。その後、2021年に「医療的ケア児及びその家族に対する支援に関する法律」が成立し、国及び地方公共団体は、医療的ケア児が在籍する学校に対する支援その他の必要な措置を講ずるものとすると規定されました。しかし、現時点では「医療的ケア児」とされるこどもたちが、安心・安全な状態で学校に通うための体制は十分ではありません。教育機関で医療的ケアを実施できる看護師や、教職員による医療的ケアの実施とバックアップができる人材の確保や体制が課題です。

第2章 こども庁提言への前哨戦

創設に向けて動き出す

2016
2.9

野党時代から
抱いた使命を胸に
「こども庁創設の要望書」
を提出する

世耕弘成官房副長官に「こども庁創設の要望書」を提出する（山田太郎事務所撮影）

1．野党時代から公約に掲げたこども庁創設

「こども（家庭）庁」創設の原案は、何もここ最近で急に沸き起こったものではありません。わが国において、こどもたちの命を守り、安心・安全な育ちを約束するための責任者が必要だという考えのもと、私は2012年の野党時代から、「こども庁」の必要性についてはっきりと訴え、構想実現に向けて動いてきました。

日本のみならずドイツ・イギリス・韓国などの児童養護施設等を含めたこども政策現場への視察を行い、2016年には当時の安倍晋三総理大臣に宛てて要望書を提出しています。

将来に不安を感じる若者の姿に衝撃

なぜ、私が、政治の世界に足を踏み入れてすぐ「こども政策」に取り掛かろうと思ったのか。

そもそものきっかけは、大学教員の立場として教育現場に関わってきた時代に遡ります。

私は、2001年から14年間、東京大学大学院工学系研究科での非常勤講師や早稲田大学

大学院商学研究科ビジネス専攻（早稲田ＭＢＡスクール）客員准教授、東京工業大学特任教授を含め、大学教員としての仕事を経験してきました。

ゼミ生を含め数多くの学生たちに出会う中で、強く疑問に感じたことがありました。それは成績優秀で立派な大学に通っている学生たちが皆、「将来が不安」だと口にしていることでした。

「今から貯金をしておかないといけない」と、まだ社会にも出ていない若者がいうのです。私はバブル景気の最後に社会人になりましたから、とにかく真面目に働いていれば、お金は後からなんとかついてくるという発想がどこかに残っていました。ところが現代の大学生は、より厳しい現実を生きている。しかも、彼らはそのことを強く自覚しているわけです。

「社会は不公平で、いくら努力しても報われるものではない」「備えをしておかなければ将来大変なことになる」と、大学生なのに既に社会の息苦しさを感じている若者の姿を目の当たりにし、ショックを受けました。

当時はまだ、自分が政治家になるとは思ってもいませんでしたが、こうした若者たちの将来不安の解消にとって、政治の責任は大きいはずだと感じたのを覚えています。

若者は国の未来を反映する鏡です。そんな彼らが社会に出る前から不安に押しつぶされている。こうした状況は絶対に解消されなければならないと強く確信していました。だから、こども政策に取り掛からねばならないと思ったのです。そしてこれが政治家になろうと思った原点でもありました。

2. 社会的養護への関心が原点

もうひとつ、私が「こども庁創設」を公約に掲げようと考えるに至った背景があります。それは兼ねてから社会的養護について関心を持っていたことです。社会的養護とは、保護者のいないこどもや、保護者に監護させることが適当でないこどもを、社会的に養育・保護したり、養育に困難を抱える家庭への支援をしたりすることです。

私自身、幼い頃に両親が離婚し、母ひとり、子ひとりの母子家庭で育ちました。母の仕事がうまくいかず、経済的に非常に苦労していた小学生のころ、「このままでは本当に食べていけなくなるのでは」という危機感を覚えていました。ですから社会的養護の問題は、私にとっては無関心でいられない問題でした。

乳児院の現状、社会的養護のあり方への疑問

国会議員になった後、早速国内の乳児院を視察に行きました。乳児院とは、新生児から小学校就学前までのこどもが、虐待や家族の精神疾患、経済的困難等を理由に家族と離れて暮らす施設です。２０２０年度の時点で、１４４か所の施設で、約３９００人のこどもが利用しています。施設の職員さんは、本当に一生懸命乳幼児たちのケアをされていましたが、やはり大勢の乳幼児たちの世話を限られた数の職員で対応し続けるのは至難のことです。どんなに優秀な職員がいる乳児院でも、一人ひとりのこどもたちに愛情をかけるには、当然限界はあるでしょう。

当時私が視察した施設では、15人の乳幼児を3人の保育士で面倒を見ていました。動き回るこどもにケガをさせないようにするだけで、精一杯です。ミルクやおむつのお世話も、そう頻繁にできるものではなく、乳児に自動的に動く機械を使ってミルクを与えていました。そのことが本当に衝撃的でした。

こどもたちが、育ててくれる大人に対して最初に発する言葉は「ママ」「パパ」ではなく「しぇんしぇー（先生）」なのだ、と聞き、涙が出たことを覚えています。その子たちの前にはパパ、ママはいないのです。

また別の時には、ある児童養護施設を視察しましたが、ここには職員室の非常口に滑り台がついていました。理由を聞くと、「こどもたちが暴動を起こしたら、急いで他の子を逃がさなくてはいけないし、職員自身も逃げなくてはいけないから」だと言うのです。見回すと、壁などにも殴ったような凹みがあり、外から鍵をかけて隔離する部屋もありました。だから非常口の滑り台は必要なのかもしれません。しかしそうだとしたら、そもそも暴力行為等を行う心理的状況にある非行のこどもたちと、親からの虐待を受けたばかりのこどもたちを同じ空間に入居させていることに問題があるのではないか。虐待を受けたこどもたちの身体的・心理的安全が確保されているとは到底言えないことを、ある意味「滑り台の存在」がはっきり示しているのです。

もちろん、個々の乳児院や児童養護施設を批判するつもりは全くありませんし、必要とする家庭やこどものために、これらの施設が存在することはわかっています。

ただ、なぜ親が自分のこどもを、自らの手で育てていくことができないのか。こどもが安心できる保護者のもとで暮らしていけないのか。さまざまな事情がありますが、虐待やネグレクトといったことを含めて、産前産後の周産期から問題把握をし、こどもたちと親を守っていく行政の仕組みが必要だと改めて感じました。社会的養護全般に対して、あまりに無知だった自分自身にも腹が立ちました。「表現の自由」を公約に政治家としてスタートさせたわけですが、やはりこどものことはいつか本格的にやらなくてはいけない、と心に決めるようになりました。

3. 諸外国のこども政策——2015年10月ドイツ・イギリス視察へ

日本国内の乳児院・児童養護施設への視察を経て、今度は海外のこども政策を知るべく、2015年10月にドイツとイギリスを中心とした欧州視察を行いました。

この視察でもっとも衝撃だったことは、こどもと親、それぞれの「権利」のあり方が、日本と諸外国では大きく異なるという点です。

個人主義・人権重視の欧州では、こどももひとりの人間として個人の権利が尊重されるという傾向が強く出ています。

社会的養護のあり方を比較しても、日本と他国にはさまざまな違いがありますが、私が最も注目したのは親権の扱い方でした。

親権問題のあり方を考える

まず、日本でも欧州でも、家庭内での親から子への虐待やDV（ドメスティック・バイオレンス）が報告されると、こどもの状態を見極め安全を確保するために一時保護を行います。いわゆる「入口」は多くの国で同様です。

しかし、「中口」としての一時保護の期間や親への対応方針、あるいは最終的にこどもたちが家庭や社会にどう戻っていくかの「出口」のつくられ方が、日本とヨーロッパで大きく異なるのです。

日本は一時保護の期間が長期になりがちです。その理由は、親権が何より優先されることにあるのではないか。海外視察を経て、そのように考えるようになりました。

イギリスでは、まず親が虐待やネグレクトを行った場合、親権の制限が行われるケースが非常に多く、その数は、年間約１・５万件（２０１５年当時）と言われています。もっとも、近年件数が増えすぎて、そのことが問題視されているほどです。

これに比べると、日本では親権停止の実施数は多くありません。２０１３年から２０２２年までの期間で、親権停止数は２０２０年の２６０件が過去最高ですが、その数はイギリスの２％に満たない数字です。親権停止の数が多すぎるのは問題ですが、低ければ良いというわけでは決してありません。

イギリスでＦＲＧ（Family Rights Group: Helping Families Helping Children）というこどもの権利を守るための弁護士団体を訪問した時、彼らに日本の親権停止の年間実施数を問われて答えた際には、「それは少なすぎる。行政が仕事を果たしていない」とはっきり言われました。

社会的養護の各国典型例（2016 年視察当時）

日本	ネグレクト DVなど	一時保護（長期滞在）	親権優先	施設で長期保護	空白の2年 ・未成年 ・支援無し	施設に平均6年 親権停止ほぼなし
イギリス	ネグレクト DVなど	一時保護（期間限定）	親権停止	養子縁組を検討	里親/養子の元で18才	乳児院なし 親権停止多い 養子縁組優先
オランダ	ネグレクト DVなど	一時保護（期間限定）	親のカウンセリング	必要なら里親処置	家族と再統合	乳児院なし 里親は一時預り 再統合を重視

【参考：2015/10/23 韓国 安養の家訪問】

韓国	ネグレクト DVなど	一時保護（期間限定）	親のカウンセリング	施設で長期保護（社会教育）	社会進出への手厚い保護	施設で長期預り 国の個人に対する支援が手厚い

（山田太郎事務所作成）

※塾や大学入学金・授業料の国の支援あり

親がこどもを育てる権利と義務が「親権」ですが、親権が濫用されているのではないかという懸念と、児童虐待が増えている現状を、行政はもっと重く見なくてはいけないと思います。

日本でも親権が強く停止できない現状や、里親に出したときに親権が強く親権者に連れ去られることなど、「親の権利が、こどもの権利よりも優先されている」ということを見直さなくてはいけません。

虐待を受けたこどもたちが、一時保護所を離れたあとに帰る場所は親元であるケースがほとんどです。しかし、自宅に戻って再び虐待が行われ、尊い命を落としたこどもたちがいることは、第1章でも述べた通りです。一方、ささいな夫婦喧嘩がもとで通報され、こどもが親元に戻りたくても、長期で保護されてしまうケースもあります。一時保護と児童の権利擁護のあり方についても更なる検討が必要です。

質を向上させるための社会的養護の「中口」論と「出口」としての家族統合

一時保護を受けるはずの児童相談所でも窮屈な思いをして過ごしているこどもたちはたくさんいます。一時保護所にいる間、多くのこどもたちは学校に行くことも、自由に出かけることもできません。

やはり保護をする側の職員の待遇改善を含めて、施設内の質を向上させる方法を検討し、実行することが必要です。


イギリスやドイツでは、一時保護の期間には制限がありました。

イギリスでは虐待をした親の親権停止が速やかに行われた場合、早い段階で養子縁組が検討されます。18歳になるまでは養親のもと、家庭的な環境で育つことができるのです。

オランダでは一時保護期間の間に、親に対してもカウンセリング等の支援が行われます。必要ならこどもは里親に預けるという措置が取られますが、それも一時的なもので、基本的には親へのカウンセリングや教育が行われ、家族の再統合をはかるという形が一般的です。

虐待を行う親もまた、被虐待体験者である場合も多く、親の心理的状態をケアした上で、家族のもとに返す、という形が慎重に取られています。


どの形が、こどもにとって、あるいは親にとって最適かは、ケースバイケースで一概には言えません。

イギリスやドイツでの視察で痛切に感じたことは、親権については、国内でさまざまな意見があるものの、やはり日本では「こどもは親の所有物」とまで言わないまでも、親権が強いあまり「こどもは家族（親）のもとにいるものだ」という意識が根強いのだということでした。

我が国において、こどもの権利よりも、親の権利が強すぎるという現状があるのは確かでしょう。強すぎる親権によって、こどもたちを里親や養親がいる安定して安心できる環境につないでいくことができない状況を見直していかなくてはなりません。

一方、児童保護施設に何年もの間暮らすことで、愛着障がいが発生するケースもあります。保護措

諸外国における里親等委託率の状況

制度が異なるため、単純な比較はできないが、欧米主要国では、概ね半数以上が里親委託であるのに対し、日本では、施設：里親の比率が8：2となっており、施設養護への依存が高い現状にある。

各国の要保護児童に占める里親委託児童の割合（2018年前後の状況）（%）

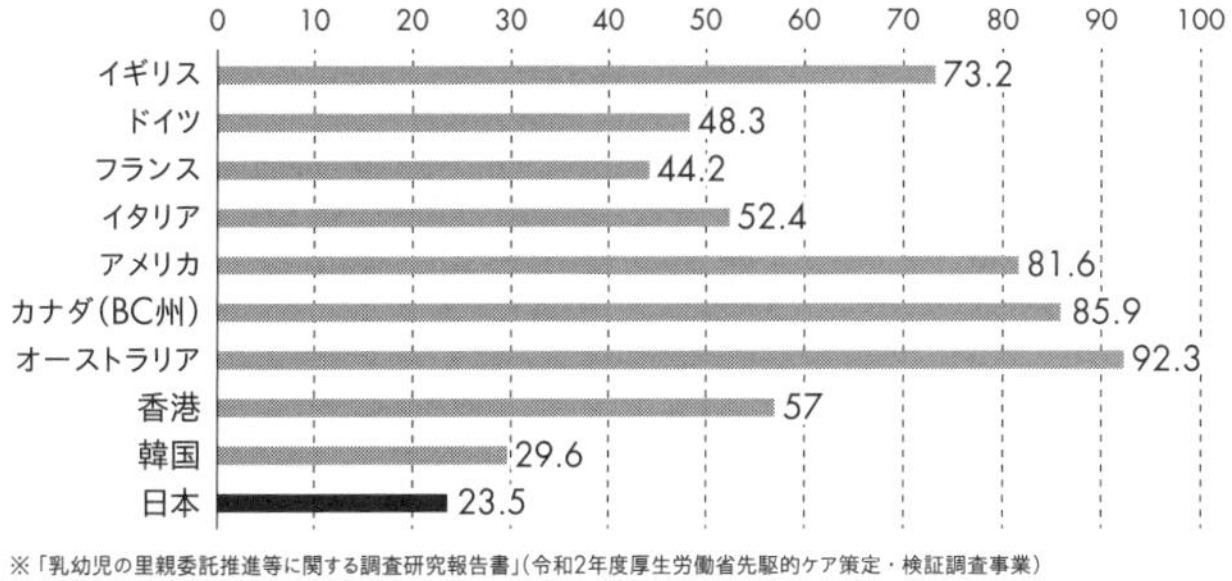

※「乳幼児の里親委託推進等に関する調査研究報告書」（令和2年度厚生労働省先駆的ケア策定・検証調査事業）
※ 日本の里親等委託率は、令和3年度末（2022年3月末）
※ ドイツ・イタリアは2017年、フランス・アメリカ・カナダ（BC州）・香港は2018年、イギリス・オーストラリア・韓国は2019年の割合
※ 里親の概念は諸外国によって異なる。

（こども家庭庁支援局家庭福祉課「（資料集）社会的養育の推進にむけて（令和5年4月5日）」より引用）

置が終了した後も、進路に大きな課題が残ります。

保護されたこどもにとっての「出口」という視点も大切にしなければなりません。これまでは児童養護施設での長期的保護を受けていたこどもたちが、18歳になると突然、施設を出なくてはなりませんでした。頼れる家族がいないまま社会に放り出されて行き場を失い、継続した支援もなく暮らしていくことは容易ではありません。

そういった課題を解決するために、2022年の児童福祉法改正で、施設入所の措置を解除されたこどもの自立支援は、都道府県が行わなければいけない業務として定められ、対象年齢も弾力的な要件となりました。しかし、こどもに携わる人材の専門性の問題、人材不足の課題を解決するとともに、里親等の委託率を増加させていくなど、児童福祉法改正へ繋いでいく施策は、まだまだ不十分と言わざるを得ないと考えています。

「個人」が尊重される韓国の児童養護施設

一方、同じアジア圏、韓国ではどうでしょうか。

私は2015年と2022年12月に、韓国の児童養護施設を訪れました。2015年に訪れた、ソウル郊外の安養市の施設は1950年に設立され、赤ちゃんポストに預けられたこどもたちや被虐待児童などを保護するとともに、養子縁組の支援を積極的に行っている場所です。施設内でもそれぞれのこどもたちに合った丁寧な教育が行われるなど家庭的な雰囲気が保たれていました。

その施設と日本の施設の大きく異なるところは、運営資金のほとんどが寄付金で賄われている点です。チャリティがベースになっているため、資金の利用方法についても公的資金より制約が少ないのが特徴です。だから、こども一人ひとりのニーズに合わせた使い方ができます。

２０１５年に訪れた施設では、成績が優秀で塾に通ってソウル大学に合格した子もいたといいます。２０２２年12月に訪れた施設では、ほとんどのこどもがバイオリンやピアノを習い、一人ひとりに楽器が与えられていました。こどもたちの精神的・心理的カウンセリングなどの治療費も、

2015 年韓国の児童養護施設の視察（山田太郎事務所撮影）

全額寄付で賄われていると聞き、驚きました。

しかも、そのように飛び抜けた成果を出したこどもたちは、「出る杭は打たれる」どころか、逆に施設の誇りとされ、尊敬されています。個人の才能を伸ばす運営——別の言い方をすれば「特別扱い」と見なされるかもしれないこどもの個性を伸ばす教育は、日本の施設では極めて稀です。韓国でそのようなことが可能になっている理由のひとつは、やはり運営資金の利用方法に制約が少なく、こどもへの対応の自由度が高いことなのです。

すべての韓国の養護施設が同じだけ資金力を持っているとは限りませんが、どうしても公的費用に頼らざるを得ない日本の施設とは異なるあり方が見られ、非常に勉強になりました。児童養護施設ではどうしても公平、平等を原則として最低限のサポートしかできないという現状が日本にはあるということです。

4. 野党時代、2016年2月 最初の「こども庁創設」の要望書を提出

海外を含めた児童養護施設の視察を重ねた結果、日本には居場所を失ったこどもたちが安心して成長するための「入口・中口・出口」が用意されていないという現実に気づいた

私は、いよいよ２０１６年2月19日、安倍晋三内閣総理大臣（当時）宛として、当時の世耕弘成官房副長官に「社会的養護の提言案　入口・中口・出口論」を表にしてひとつの要望として提出しました。

虐待を受けたこどもたちを保護する入口はもちろんのこと、「中口」として、こどもたちの権利を保障し、親権停止等の基準を明確化させることや、児童福祉施設、及び、里親など児童養育事業や養子縁組といった形で安心して過ごせる場所を整えることの必要性、また、実態の調査や要因分析を行い、保護や里親などの養親の実態やあり方の検証や監査を行うことを提案しました。

そして最終的には、根本的な原因解消に向けて親元にしっかり戻れるような家族統合や、新たな養育者のもとで生活を始められる特別養子縁組の数を増やしていくなどの「出口」を整えることも求めました。

今後は、日本でもこどもたちそれぞれの希望を叶えられるような、〝質〟に着目した養護施設のあり方について「中口・出口」の議論・検討を広げていく必要があると訴えたのです。

こどもへの性虐待は誰が防ぐのか

2015年に来日した国連特別報告者のマオド・ド・ブーア＝ブキッキオ氏との議論の際、こんな質問がありました。それは「日本では児童の性的搾取、性虐待に関して、どのような対策を行っているのか」というものでした。

確かにその時点で日本はこどもの性的虐待についての包括的な計画を立案していませんでした。各府省庁では個別に対策を行っているはず、と考えた私は、外務省、総務省（児童ポルノ排除総合対策担当）、法務省（児ポ法）、厚生労働省（児童福祉法、児童虐待防止法など担当）、警察庁（各種執行機関）、文部科学省（中高等教育

2016年2月19日に提出した社会的養護課題整理マトリクス

	入口（緊急的・スピード）	中口（質の向上）	出口（根本原因の解消）
概要	・失われる命の緊急対応 ・居所不明児童の撲滅 ・各機関の連携強化 ・赤ちゃんポストの位置づけ	・**「こども庁（仮称）」の創設** ・親権停止の合理的な基準の明確化 ・要保護児童・元要保護児童の意見を聴取する仕組みの構築 ・こどもの権利の保障 ・実態の調査及び原因の要因別分析 ・それぞれの専門的職員の能力水準向上	・施設出所後の自立支援 ・家族の再統合
児童相談所	・各種相談業務の質の向上 ・こどもシェルター ・虐待の予防、早期発見力の強化 ・胎児からの環境整備（特別養子縁組）	・基礎自治体への移行（都道府県は広すぎる） ・ソーシャルワーカー設置水準強化 ・児童相談所の検証、監査、問題過程の観察	・アフターケア ・18～20歳の措置延長（保証人等）
児童福祉施設	・家庭養護の推進・定義・優先	・厚労省推進方針目標設定（長期化対応） ・都道府県推進計画設定（長期化対応） ・乳児院の撤廃 ・基礎自治体の管理へ移行 ・大規模施設での保護 ・進学支援、進学率（大学進学）の向上	・家庭養護のあっせん ・養子縁組のあっせん ・家族の再統合 ・社会に出るためのケア ・社会に出た後のケア
家庭養護 里親・ 小規模住居型 児童養育事業 ↓ **「家庭養護・里親基本法」の制定**	・要保護児童の最善の利益 ・一時保護・緊急里親の普及 ・児童その他機関との連携強化 ・乳児の里親委託事例の増加 ・里親ケア・経済的支援、里子のケア ・里親家庭の実子のケア ・里親支援相談員配置見直し	・特定の保護者による養護 ・里親人材の確保・質の向上・国民への啓発 ・先進的な取り組みに関する情報収集 ・財政上の措置 ・実親ケア（里親拒否）・実親教育・資格認定 ・家庭養護推進に関する国の責務 ・家庭養護推進に関する地方公共団体の責務	・実親との再生活が促進（家族再統合） ・養子縁組の促進 ・社会に出るためのケア ・社会に出た後のケア（ケアリーバー） ・里親保険、後見人保険
養子縁組	・妊娠子育て相談 ・特別養子縁組のあっせん	・養子縁組後の大人、こどものケア ・養子縁組民間団体との連携、有効活用	

（山田太郎事務所作成）

担当）の担当者に確認を行いました。すると驚くべき事実が分かってきたのです。

まず、2015年11月12日に内閣府・外務省・文部科学省・法務省・総務省・警察庁で聞き取りを行い、「児童の性的搾取」に関する担当部署はどこになるのかという質問をしたところ、どの府省庁も顔を下に向け、「自分のところではない」と回答しました。11月16日に各府省庁に担当部署を決定するよう文書で依頼をしましたが、後日「決定できない」との回答。30日にもう一度各府省庁と厚生労働省を含めた担当者と話し合いをしましたが、やはり各府省庁とも自分達の府省庁が担当にはならない、と回答したのです。挙げ句の果てには「山田議員が国会の質疑を通じて、性虐待に対する政府の責任部署について、総理や官房長官に対して質問していただき決めてほしい」とまで言われました。驚くべきことです。

内閣府は児童ポルノ法適用範囲のみの被害の数は把握しているものの、結局どこが責任部署としてこどもの性虐待に対応しているかが分からなかったのです。

これでは国連に指摘をされても仕方がないという状況でした。

こんなことで、一体、こどもへの性虐待に責任を持って向き合うことができるのでしょうか。どの部署も担当できないという回答があるなら、それこそまさに「こども庁」が担う役目だ――改めて、私はそう確信するようになったのです。

5. こども庁提案の前夜

ここまで私が野党時代から進めてきた「こども庁」創設への考えを書いてきました。もちろん、わが国の「こども政策」を強化し、こどもたちの命や権利を守りたいという思いを抱いていたのは、私ひとりではありません。これまで数々の議員が、それぞれの取り組みを行ってきた地盤がありました。ここでは、それらの取り組みについて触れていきたいと思います。

各府省庁の児童の性的搾取件数把握状況

どの省庁も児童の性的搾取の実態を把握できていない

内閣府	児童ポルノ法の被害児童数のみ把握している
文科省	把握していない
総務省	把握していない
厚労省	児童相談所への相談件数（人数ではない）のみ把握している
法務省	児童ポルノ法などでの罪名での件数のみ把握している
警察庁	検挙された児童の売春・児童ポルノ事犯での被害児童数 検挙された児童虐待のうちの性的虐待にかかる被害児童数 のみ把握している

（2015年各府省庁からのヒアリングをもとに山田太郎事務所作成）

児童福祉法の改正

児童福祉法は、児童の福祉を保障するための法律として1947年に制定されました。しかし、2016年まで抜本改正されず、国際条約である「こどもの権利条約（児童の権利に関する条約）」に1994年に批准して20年以上経ってもわが国において「こどもの権利」が児童福祉法に明記されることはなかったのです。

2016年当時の厚生労働大臣であった塩崎恭久議員は、この矛盾を訴え「法律に書かないと実態は変わらない」という思いのもと、「こどもの権利条約」を基本理念として明記した児童福祉法の抜本改正に力を尽くしました。

2016年5月27日には、第1条に「こどもの権利」を、第3条に「家庭的養育優先の原則」を明記し、こどもを「権利の主体」として位置付けた改正児童福祉法が全会一致で可決、成立したのです（＊1）。

このとき、保護されたこどもたちが、施設だけでなく里親や養子縁組など、家庭的な養育にアクセスできるよう優先する方向へと、大きな政策転換がありました。

こどもの育成をサポートする「成育基本法」

「こども庁」の創設は、自見はなこ参議院議員とタッグを組んで進めてきたと言っても過言でありません。自見さんは医師であり、長く小児科医として母子の健康に携わってきたという経歴の持ち主です。そして、超党派の「成育基本法推進議員連盟」を作り、その事務局長を務めてきた人物でもあります。妊娠期から、小児期、思春期を経て成人期までこどもの育成を一貫してサポートする理念法として「成育基本法（略称）」（＊2）の制定に邁進し、2018年12月に議員立法で法律を成立させる等、行動力も政策実現力も抜きんでた政治家です。

2018年12月当時、私は、選挙に落選して浪人中でしたので、この辺りのことは直接関わっていませんでしたが、成育基本法が成立し、こども政策の基礎が固まっていたところで、次の「産後ケア法案」の制定から自見さんと関わるようになっていきます。自見さん自身、この法案に関わっていた頃から、「こども庁」なるものが必要だと考えていたわけです。「こども庁」とは明記されていないとしても、成育基本法の中にも「成育医療等の提供に関する施策を総合的に推進するための行政組織の在り方等について検討を加え、必要があると認めるときは、その結果に基づいて必要な措置を講ずるものとする」——つまり、こどもに対する専門的な部署の検討が必要だということが明記されていました。

産前産後のお母さんの命も守る「産後ケア法案」

その後、2019年12月に議員立法で成立した「母子保健法の一部を改正する法案（産後ケア法案）」でも、自見さんがキーパーソンでした。この法案は、産後ケアの法制化を含め、産後うつ等の産前産後の母親の心身のケアに始まり、新生児から学校期の健康調査、性教育の充実、さらに虐待の防止、CDR（チャイルド・デス・レビュー）の整備など、医師の視点からみたこどもの健康を守ろうというものでした。

自見さんは小児科医らしく、優しく柔らかな雰囲気を持ってはいますが、目標を設定するとそれはもう〝ブルドーザー〟のよう……というと語弊があるかもしれませんが、とにかく一直線に向かっていく人です。重鎮の先生であろうと誰であろうと怯まず交渉し、理解を得ようとします。

この頃、自民党員になったばかりだった私は、自見さんに協力する形で、産後ケア法案を通すためにさまざまな議員との交渉などを一緒に行いながら下地をつくってきました。こうした実績を共につくっていったことが、最終的に「こども庁」の創設へと繋がっていくわけですが、その際にも、やはり自見さんの行動力と調整力には、大変助けられました。

子供・若者育成支援推進大綱の見直しに携わる

またこの頃、「子供・若者育成支援推進大綱」の見直しも行われています。この大綱は「子ども・若者育成支援推進法」に基づき、ひとり親家庭や貧困家庭への支援、児童虐待防止への取り組みを行うこと、「ニート」「ひきこもり」「不登校の子供・若者」への支援についても明記され、こども・若者に関する施策が包括的に書かれている「政府が行う向う5年間の計画」です。

しかし、この大切な大綱の改正について、自民党に、議員がレビューをする会議体がないというのです。この衝撃的な事実を知り、大変驚きました。そこで、私は関係の先輩議員に掛け合い、党内の「青少年健全育成推進調査会」で見直しに関する会議を設定しました。この大綱見直しに際し、こども・若者政策の全般を相当勉強したことを覚えていますが、逆にいえば、与党自民党の中で、こども政策全体に責任をもってコミットしようとする議員がどれだけ少ないのかという現実も目の当たりにしたのです。

党内に少子化対策調査会をつくる

また、2020年5月29日の閣議で、「第4次少子化社会対策大綱」も決定されました。出産・子育てを希望する家庭への経済的支援、不妊治療の費用負担軽減や児童手当の拡充の検討など、経済的課題にも取り組むという政府の姿勢を出せたと思っています。

これには、党内で参議院議員の松山政司議員、古賀友一郎議員、山下雄平議員などが積極的に関わっていました。私も、参議院の政策審議会でとりまとめた少子化対策に関する要望書をその大綱に反映させるため、政府と交渉し、党内の内閣第一部会で責任者（副部会長）として主張するなど奮闘しました。

しかし、少子化対策担当大臣がおかれ、長らく問題として認知されてきたはずの少子化対策についても、自民党内で議論する「調査会」や「部会」がないことも、このときに知りました。少子化対策について総合的な議論をする会議体や場がつくられていないことは党として無責任ではないかと感じ、関係の議員に働きかけ、「少子化対策調査会」を立ち上げるまで、しっかりとかかわりました。

2013年に成立した議員立法「子どもの貧困対策の推進に関する法律」に尽力され、

こどもの貧困問題の解決のために粘り強く取り組まれている衆議院議員の田村憲久議員や牧原秀樹議員、2011年から自民党内部で「こども政策」について必死に訴え闘ってきた野田聖子議員の活動もありました。このように、こどもに関する政策については、政府が積極的に大きく動いてきたというよりも、こどもの問題に関心をもつ何人かの議員がいて、それぞれ積極的に動き、土台をつくってきたという背景があるのです。こうしたそれぞれの流れがあるなかで、やはり「こども庁」あるいは「こども家庭庁」のような中心的議論の存在が必要だと意見が合致し、ここからいよいよ一気に動きが加速していくのです。

マッチョな自民党が変わり出した瞬間

自民党というのはこれまでマッチョな政党でした。どちらかというと「外交・防衛で国益を守る」ということを重点的な政策として掲げてきたわけです。そのため、こどもの問題ということに、力を入れて進めていく土壌がありませんでした。

ただ少しずつ、こども政策だけでなく、福祉の問題などのどちらかというと「やわらかな政策」を議論しようと動く議員が生まれていたのも事実です。

もちろん、現在の日本において、少子化を含め、こどもの問題は「最大の有事」なことは誰の目にも明らかでしょう。

時代の流れと共に、少しずつ自民党の中にも小さな流れのようなものが生まれているという手応えがありました。そこで自見さんと一緒になって、ここから「こども庁」のようなものを作っていこうと、若手議員を中心にこども政策について考える仲間を集うことになりました。

この機会を決して逃すまいと、私と自見さんは、思い切って若手を中心にした組織、「Children First のこども行政のあり方勉強会」発足に向けて、一気に動き出すことになるのです。

＊1　児童福祉法は、その後2022年6月に改正児童福祉法が成立しています。改正の概要は①子育て世帯に対する包括的な支援のための体制強化及び事業の拡充②一時保護所及び児童相談所による児童への処遇や支援、困難を抱える妊婦等への支援の質の向上③社会的養育経験者・障がい児入所施設等に対する自立支援の強化④児童の意見聴取等への仕組みの整備⑤一時保護判断開始時の判断に関する司法審査の導入⑥こども家庭福祉の実務者の専門性の向上⑦児童をわいせつ行為から守る環境整備等です。

2022年2月22日に、私は自民党内の「厚生労働部会・虐待等に関する特命委員会・障害児者問題調査会合同会議」で児童福祉法改正案の概要審査を行った際には、さらに「こどもまんなか」の社会を目指すために、下記の5つの要望を訴えています。①日本版ネウボラを実現するための「こども家庭センター」②児童相談所での非行と被虐待児の分離の徹底③NPOやNGOとの協働の必要性④社会的養育経験者の自立支援⑤一時保護の司法審査導入にあたり大和市の事件の徹底的なレビュー

＊2 「成育過程にある者及びその保護者並びに妊産婦に対し必要な成育医療等を切れ目なく提供するための施策の総合的な推進に関する法律」

第3章 普通にやったら潰される⁉

こども政策を先導したゲリラ組織の勉強会

2021
2.2

「Children Firstのこども行政のあり方勉強会――こども（家庭）庁の創設に向けて」発足

勉強会冒頭の記念撮影。この日の勉強会には、さらに、この記念撮影に間に合わなかった30名ほどの議員の参加者があった。また私も、急遽開かれた参議院議院運営委員会に参加して遅参となったため、記念撮影に間に合わなかった（山田太郎事務所撮影）

1. 勉強会発足の背景と自民党若手の呼びかけ人30名

2021年1月24日、菅総理に呼ばれた運命の日曜日、そしてその後の官邸からの電話について、私はすぐに自見さんに話しました。「やるなら今しかない!」「もしかしたら本当にこども庁創設の議論が動いていくかもしれない」と。

しかし、党内で突然「こども庁」をつくろうという議論を起こしても反対の声にかき消されてしまう懸念がありました。ひとつの省庁をつくるというような大きな政策転換となれば、党内の政務調査会でしっかりと議論し、コンセンサスを得たうえで提言をまとめ、政調審議会、総務会の審議を経て骨太の方針(経済財政運営と改革の基本方針)への記載をしていくのが、通常の党の意思決定プロセスです。しかし時間もかかるし、とてもじゃないが難しいと思われました。

こどもよりも「家族」が中心であるべきだという議論を展開する議員もいましたし、これまでこどもに関する政策が何度も党内外で後回しにされてきた事実がある以上、通常のプロセスでの省庁の創設は難航することが予想されました。

ただ、自民党内にも、こども政策に関心を持ち、ひとつひとつ土台をつくることに奮闘してきた議員もいたことは、前章で述べたとおりです。

そこで考えたのが、まず党の外で「勉強会」という名の議論の場をつくることでした。自見さんと私、二人の中には「今ならできるかもしれない」という直感がありました。そして、一挙に集結し立ち上がったのが、２０２１年2月2日に発足した「Children First のこども行政のあり方勉強会」です。

12月から2月2日までの動きを、もう少し細かく記していきます。

こども政策をしっかりと議論する場をつくるにあたって、まずこども政策に興味関心を持ってくれそうな議員に声をかけて仲間を募ろうということになりました。自見さんは私よりも長く自民党に所属していましたし、成育基本法の際にも多くの議員を巻き込んで、既に人脈をつくっていました。

私たちは、国会が始まる前後に、本会議が開かれる議場を歩き回って、「ぜひ！」と思う人たちに声をかけました。まずは「中堅若手議員」に対象を絞り、声をかけて、「こども庁」創設に向けた仲間を募ったのです。すると、驚くことに約30人の若手議員たちが、勉強会に興味を持ってくれたのです。

そして、重鎮の議員にも事前に話をしました。「こども政策の議論をスタートする場をつくってもいいですか？」と、丁寧に説明に行きました。

特に若手議員が議論すること自体は、もちろん誰も反対しませんから、「どうぞやってみたら」と答える議員がほとんどでした。

ですが、このころには、まだ誰も「こども庁」が本当にできるとは夢にも思っていなかったのです。

戦略①　中堅若手・副部会長以上、派閥配慮　来るべき衆院選の公約へ

私たちは、ただ勉強会を立ち上げたわけではありません。数か月先を見据えた戦略がありました。そのひとつは、既存の各部会に所属するさまざまな議員に幅広く声をかけるというものでした。そのねらいは、次の衆院選での党の公約に入れることでした。

衆院選の前には、その都度、党で公約をつくることになります。

「こども庁創設」について、一度でも公約に上がれば、これは国民に対する約束となります。党としても、決してないがしろにできないリアルな目標となります。

当時は、2021年の夏頃に第49回衆議院選挙があると予想されていましたから（実際は、2021年10月31日に実施）、まさにこの選挙に向けた公約の準備が迫っており、「こども庁」についての提言を組み込めるチャンスがあると考えました。

党の公約というものは、各部会から上がってきた提言をまとめる形でつくられます。ですから、今回「勉強会」の仲間になった中堅若手議員たちが、厚生労働部会、文部科学部会、総務部会など、それぞれの部会を通して、「こども庁」の必要性を訴えてくれれば、選挙前の公約の中に「こども庁創設」の文言が入る可能性は高い。

この戦略のもと、私と自見さんは、当初から勉強会のメンバーとして声をかける議員について熟考しました。部会の中心メンバーとなりうる副部会長以上の若手議員であること。そして特定の派閥に偏らないように、派閥間のバランスも配慮することを念頭におきました。

更に木原誠二衆議院議員、牧原秀樹衆議院議員が代表世話人を務めてくれることになり、30人の仲間が集まったのです。私たちは、党の公約に盛り込むこと、そして、政府内に検討会を立ち上げてもらうこと、まずはこの2つを実現するために進みはじめます。

戦略② 自民党の政務調査会の外側に「勉強会」をつくる

もうひとつ非常に重要だったことは、この勉強会を党の政務調査会の外側に設けた点です。

そもそも、議論の場を党内の政務調査会に設けることは難しかったわけですが、たとえそれが可能だったとしても、今後、政務調査会長や関係する調査会等の会長が代われば、議論自体が中断してしまうという懸念があります。そして一度議論が頓挫してしまえば、再び「こども庁」の議論を立て直すことは至難の業です。

〝政治的〟な動向に左右されずに議論を深めあえる場を、あえて有志の「勉強会」という形で外側につくれば、たとえ近々に総裁選が起きて、党の役員や会議体がかわって全ての人事がひっくり返ったとしても、勉強会は〝解散〟する必要がないのです。

ビジネスの世界でも同じことですが、組織のトップが代わり、それまで進めていた案件やプロジェクトが頓挫することはよくあることです。しかし組織外の有志の「勉強会」であれば、組織のトップが代わったからといって、会を続けることを遮る理由にはなりません。「こども庁」の議論をあらゆる政局に振り回されず進めていくために、この方法を、あえて選ぶことにしました。

党の正式な会議でないからこそ、来るべき衆院選までに急ピッチで議論をすすめることができる、私と自見さんはそう腹を括ったのです。

戦略③　総裁選を意識して370名の地方議員の巻き込み

当初は国会議員30人の仲間で始まった勉強会ですが、次第にこども政策に関心がある全国各地方の自民党議員も参加するようになり、やがて約370名（当時）の地方議員が参加することになりました。

地方議員がこれだけ賛同してくれたことは、非常に大きなことです。こどもたちは永田町にも霞が関にもいません。それぞれの自治体にいるのです。ですから、その地方自治体のもと、市区町村にいるこどもたちの状況を知り、実際に働きかけていくには、各自治体や教育委員会、市区町村会と連携を取らなくてはなりません。そのためには地方議員の協力が非常に重要になってくるのです。

2023年6月14日　こども家庭庁にて地方議員と自見はなこ議員とともに
（山田太郎事務所撮影）

2021年9月8日に行われた勉強会では、地方議員連絡会会長を務めた長屋光征岐阜県議会議員、ごうまなみ長崎県議会議員らが中心となり、全国の地方議員やこども部局に関わる地方公務員のアンケートを公開し、現場の課題を取りまとめてくれました。自見さんと私とで、地方議員と地域ブロックごとのオンライン会議も重ねました。永田町だけでは政治は動きません。全国の地方議員の賛同・協力があってこそ、「こども庁」が現実のものとなっていったのです。

こうした連携は、その後の総裁選の際にも活きてくることになりました。それは、自民党総裁選の行方が地方議員票に大きく影響を受けるはずだという計算がありました。総裁選の各候補者に宛てた地方議員からの「こども庁創設に向けた要望書」は、次期政権に「こども庁」の議論を継続させる大きな力となります。

2.「Children First のこども行政のあり方勉強会」スタート

さて、「Children First のこども行政のあり方勉強会」は2月2日にスタートします。記念すべき第1回の講師には元衆議院議員である兵庫県明石市の泉房穂市長（当時）を招き、「市町村から見た中央での子ども行政のあり方」について、非常に内容の濃い講演が行われました。明石市は泉市長のもと、こども政策で先駆的な施策を行っていることで有名です。

泉さんの話には熱がこもっていたし、本当にこども政策は自治体だけでは限界があるということも含めて、国がなぜ本気でやらないのか、国が本気を出してこどもの置かれている問題に向き合えば、より多くのこどもたちを救うことができるはずだ、だからこそ「こども施策を全体的に所管する省庁が必要だ」と力強い発言がありました。「議論や検討はもう散々している。今こども達のためにすべきことは、国の政治決断だ」という言葉は、国政への強いプレッシャーとして、参加議員一人ひとりの胸に響いたと思います。会議室は超満員、自民党で「こども庁」創設の議論がスタートしたことに、多くのメディアが注目しました。勉強会は、非常にいいスタートをきることができました。

勉強会はその後も毎回盛況で、当初の30名だけでなく、こども政策についての関心を公言していなかった議員の面々も参加するようになりました。勉強会で第一次提言を取りまとめた際、下村博文政務調査会長（当時）は「第2次安倍政権時代に文部科学相としてこ

「Children First のこども行政のあり方勉強会」一覧（2023 年 7 月現在）

第 1 回	市町村から見た中央での子ども行政のあり方
第 2 回	かかりつけ助産師制度・院内助産システム
第 3 回	子どもの死亡事故と予防
第 4 回	保育・教育の質の向上と子どもの発達
第 5 回	子どもの虐待
第 6 回	虐待と日本版 DBS
第 7 回	子どもホスピス
第 8 回	第一次提言とりまとめ
第 9 回	こども庁創設に向けての期待
第 10 回	子どもにとって安心・安全な学校
第 11 回	子どものいじめ・自殺
第 12 回	子どもの権利
第 13 回	食育 ～子どもへの栄養教育の重要性～
第 14 回	子ども支援の予算と人員
第 15 回	生理の貧困とひとり親
第 16 回	子どもの貧困
第 17 回	地方議員ヒアリング
第 18 回	第二次提言取りまとめ
第 19 回	子どもの健全な成長のための外あそび推進
第 20 回	子育て支援を企業の成長戦略に
第 21 回	地方議員からこども庁の設置を求める要望書
第 22 回	コロナ禍におけるオンライン診療／医療相談
第 23 回	自民党総裁選立候補者によるこども庁創設にむけた公開討論会
第 24 回	多世代交流拠点としてのこども食堂
第 25 回	孤立防止支援と伊達市版ネウボラ
第 26 回	子ども成長見守りシステム
第 27 回	多様な教育支援のあり方
第 28 回	子ども基点で考える子育て研究会
第 29 回	子どもアンケート結果
第 30 回	寝屋川市におけるいじめゼロへの新アプローチ
第 31 回	こども家庭庁設置法案の審議状況とこども基本法案
第 32 回	こども家庭庁設置法とこども基本法成立
第 33 回	今後のこども関連予算がどうあるべきか
第 34 回	宗教 2 世の虐待の問題
第 35 回	外国人のこどもを取り巻く課題
第 36 回	不登校支援
第 37 回	こども家庭庁の取組と今後の活動

ども問題には取り組んだが、こども庁をつくることは実現できなかった」と発言され、河村建夫元官房長官も「小泉政権時代にも構想はあったけれど、できなかった」とこども庁の必要性について言及されました。じつは多くの議員が本当は、こども庁のような、こども政策を一元的に取りまとめる省庁が必要だと考えていたことがわかり、励まされました。

政治勢力において「右」も「左」も関係なく、こども政策を考えるにはこれ以上の人たちはいないという人たちが集まって最高の議論ができたし、討論の場がつくられました。「ようやくこの時が来た」と応援してくれる議員が大勢いたことは事実です。

専門家と当事者の声にこだわった

この勉強会でこだわったのは専門家と当事者の声を聞くということでした。記念すべき第1回の泉房穂市長に続き、その後も、「かかりつけ助産師制度・院内助産システム」、「CDR（Child Death Review）」、「子どもの虐待」、「子どもホスピス」など、次々とテーマを設定し、毎回、非常に多くの議員が参加してくれました。2023年6月現在、全37回の勉強会の中で招いた講師は、67名です。

中には、虐待サバイバーや、いじめ、事故死などでお子さんを亡くした親など、当事者の方々からの声を直に聞く機会も多数ありました。

第6回の勉強会で、虐待サバイバーである風間暁さんが、自らの体験を踏まえ話した事がとても印象に残っています。風間さんは10年前の同じ日に自殺未遂をしました、まさにその日に勉強会に来て、「あの時生き残って今があります」と話を切り出したのです。

幼い頃、激しい虐待に遭っていた彼女は、児童相談所・社会的養護の課題と、こども庁創設の必要性について語りましたが、「家庭という場所は、私や周囲の同じ経験をした仲間にとっては地獄だった」とも話しました。そしてその際に、「だから『こども家庭庁』ではなく、『こども庁』ではだめですか?」と会場にいた参加者全員に問うたのです。

名称問題については後に詳しく触れますが、私を含め、その場にいた何十人もの議員全員が、彼女の言葉に賛同しました。これは確かです。「家族」に重きを置いている議員でさえも、風間さんの意見に誰ひとり反対しませんでした。それほど「被虐待児にとって家庭は地獄だった」と語る声は、衝撃があったし、今も私の心に強く残っています。

当事者の声を聞くということが、私たちのような政治を動かす人間にとって非常に重要なものだということが、身に染みた瞬間でした。

「デジタル民主主義」としてのネットアンケート

もうひとつ私たちの勉強会の特徴は、ネットを使ったアンケートで多くの市民の声を直接聞き、さらに、地方議員や地方公務員の声も集めて組み入れてきたことです。

ネット上のアンケートによって声を集める方法について、私はかねてより可能性を感じていました。いわば「デジタル民主主義」と呼ぶべきこの方法に、はじめて手応えを得たのは、少し話が遡りますが、2019年の参議院選挙後の2020年のことです。

2019年の参議院選挙で、自民党は、東北地方での支持を得られず、まさかという選挙区での落選もありました。党内でも「やばい」という危機感が広がり、特に「地方の声」を聞けていないのではないかとの問題提起がなされ、世耕弘成参議院自民党幹事長が「不安に寄り添う政治のあり方勉強会」を立ち上げたのです。地方に飛び込んで、無医村や孤独死の問題などに取り組み、勉強会として困窮対策や孤独対策などについての具体的な提言を打ち出しています。

調査分析（属性分析：性別／年代別）

性別

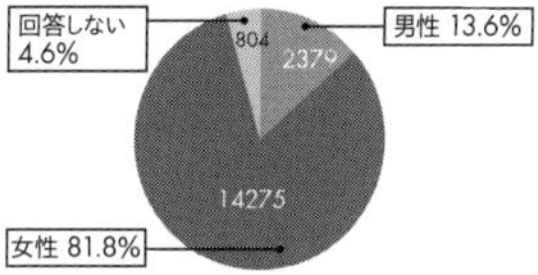

ポイント

- 回答者の性別構成割合は、
男性13.6%、女性81.8%、回答しない4.6%
- 回答者の性別構成割合は、実人口の割合
（男性48.6%、女性51.4%）と大きく異なる。
- 女性の方が日常的に子ども・子育て行政に関して不安や要望を抱えているのではないか。

年代

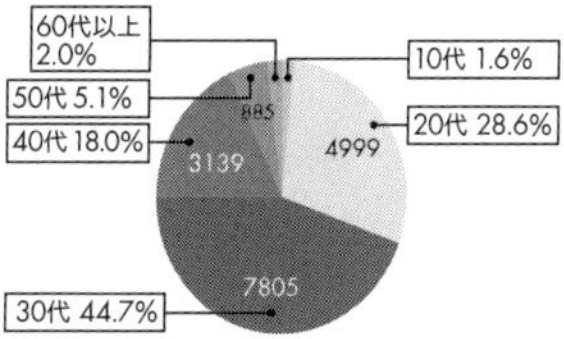

ポイント

- 20代と30代からの回答が73.3%。実年齢の構成比と比較しても、20代から30代の回答比率が極めて高い。
- 20代から30代の声が強く反映され、10代、60代の声は弱く反映されている。

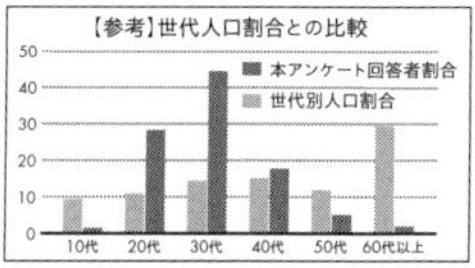

実人口の算出に際し、「性別」：総務省人口推計（2020年12月速報値）、
「年代別」：総務省労働力調査（2020年7-9月）より作成

2021年3月16日「こども行政への要望・必要だと思うことアンケート」報告書より抜粋（Children Firstのこども行政のあり方勉強会作成）

調査分析（全体結果）

要望 全回答48,052件の要望数の順位

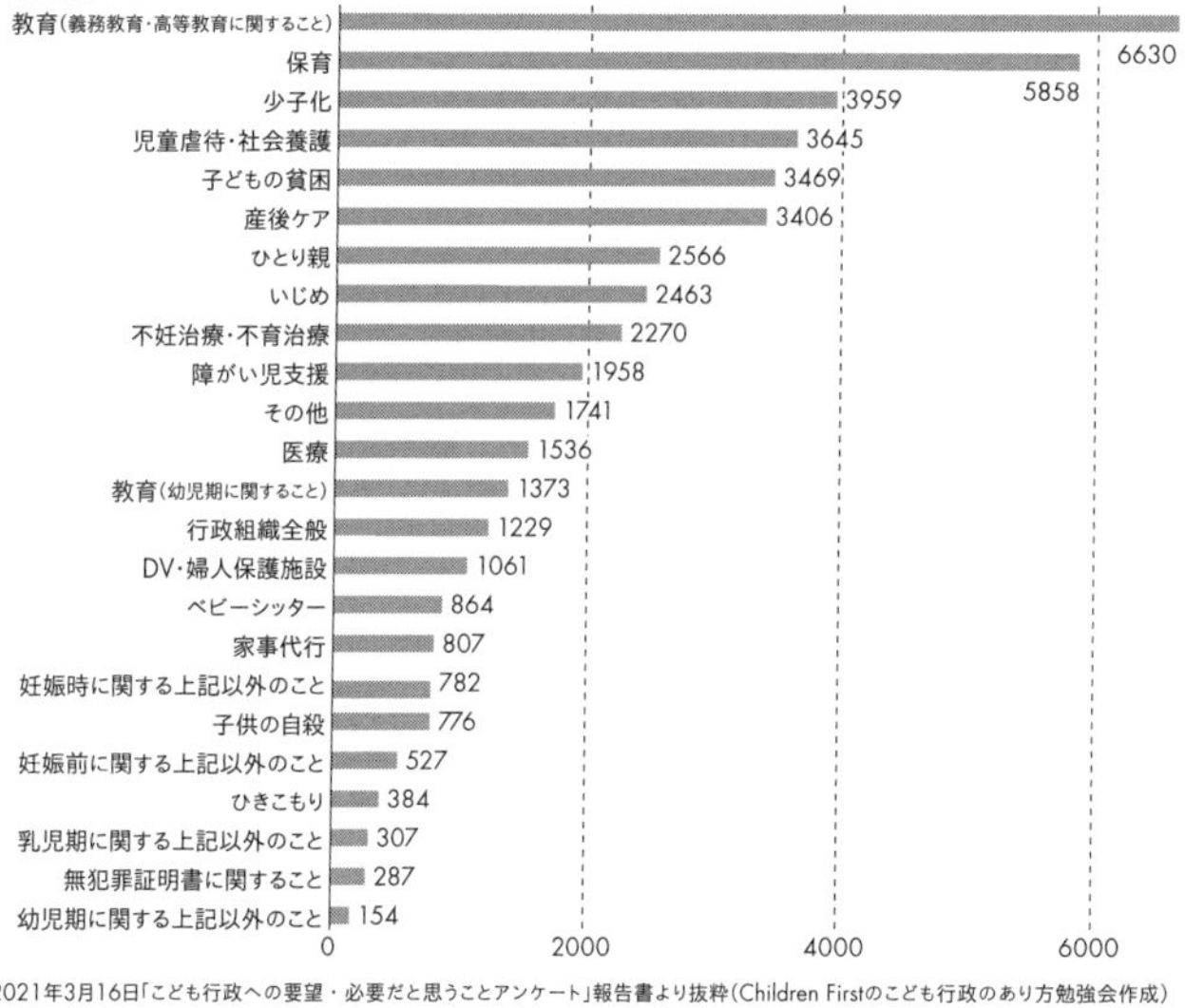

2021年3月16日「こども行政への要望・必要だと思うことアンケート」報告書より抜粋（Children Firstのこども行政のあり方勉強会作成）

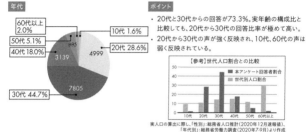

この勉強会において、「各県の市民の不安を集めよう」という号令が世耕幹事長からかかったのが、2019年の12月のこと。地元の声を集めて、地域の皆さんが「不安」に思っていることをしっかり収拾しようということになったのです。

他の議員が、地元で直接声を集めるなか、比例選出である私には地元というものがありませんから、若者の不安を集めるネットアンケートを実施することにしました。

5日間の募集期間ですが、1741名の方から2259件の意見を集めました。他の議員の報告が県ごとに5件くらいずつである中、私が短期間に集めたこの数は大変な驚きをもって受け止められました。「まさか広告代理店に頼んだのですか?」と聞かれ、いえいえGoogleフォームですから無料ですよ、と答えると、さらに驚かれました。

不安に寄り添う政治のあり方勉強会としても「これだ!」ということになり、私が中心になって改めて日本中からネットで「不安」を集めることになりました。そこで次に実施したのが、2020年12月に「コロナ禍での生活不安」に関するアンケートです。

このときには、8日間の募集期間で、5012件の回答をいただき、意見の数としては1万3515件に上りました。報告書にまとめて、「勉強会」として提言した孤独・孤立対策担当大臣の設置に繋げることができました。

これらのいわば「前哨戦」で成果をあげることができ、ネットでのアンケートを政策に繋げるノウハウを蓄えられたことが、その後のこども庁創設の議論の中でも、活きてくることになります。

2021年2月8日からWEB上で一般市民に向けて「こども行政への要望・必要だと思うことアンケート」を実施しました。すると驚くべきことに、たった2週間のうちに、1万7458名から、合計4万8052件もの意見が寄せられました。マスコミの世論調査でも通常1000~2000件集まれば良いと言われるところ、これほどの市民の声を集められたことはなく、異例のことだと驚かれました。

回答者の属性は女性が8割、20代・30代の子育て世代が半数以上で、子育て当事者の、こども政策への意識の高さが目に見える形で現れたのです。また、自由回答欄には、教育・保育、少子化への関心の高さ、また児童虐待や社会的養護、こどもの貧困、産後ケア、いじめといった、私たちがまさに取り組もうとしている問題への要望がびっしりと書き込まれていました。

「こどもの命を守る体制を強化するべきだ」との意見も多くあり、「こども庁創設」は市民の願いだということがひしひしと感じられました。

アンケートは、我々事務方はもちろん、多くの議員にも直接読まれました。ある先輩議員は、自身の鞄からボロボロになったアンケートの報告書を取り出し「通勤途中に3回は読んだかな。このリアルな声に向き合いたいと思って。私たちはこの声に応える責任があると強く実感させられたよ」と私に語りました。国民の切なる願いを込めた意見に感動が隠せないという状態でした。

一人ひとりの市民のみなさんから寄せられた大きな声に、応えなくてはいけない。この思いが、今後私たちの原動力になっていきました。


2021年5月には地方議員（自民党所属）に対しての「こども行政への要望アンケート」を実施しました。地方議員アンケートでは、112議会から132名もの意見

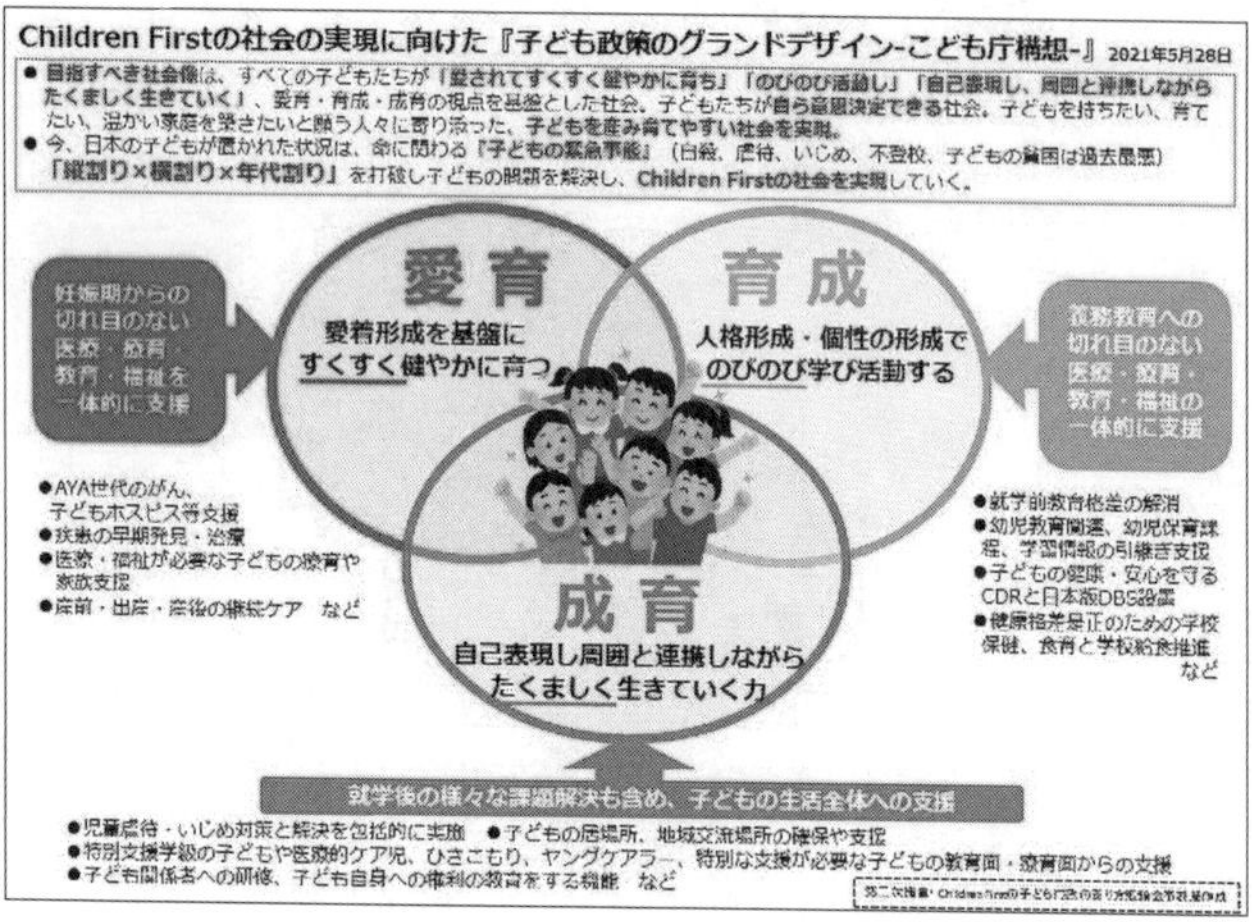

（2021年5月28日　Children Firstのこども行政のあり方勉強会作成スライド①）

が寄せられ、「少子化」「こどもの貧困」「地域の児童相談所の現状」など、地方の課題やこどもが置かれている現場の実態が浮き彫りにされています。また２０２１年７月から8月に実施された地方公務員へのアンケートでは、「人手や予算の不足」、「職員の専門性の不足」、「窓口の一元化等制度と仕組みの改善」など構造上の問題が多く挙げられています。こうした声は、２０２１年5月28日に作成した「こども庁創設に向けた第二次提言書」にまとめられました。

　私は、ネットを使ったアンケートも含めて、こういったやり方を「デジタル民主主義」と呼んでいます。

　デジタルでの意見の聞き方でもその声を聴く精度を高めるためにもさまざまな経験を積むことになります。注意すべきこととして選択式質問にするのか自由回答質問

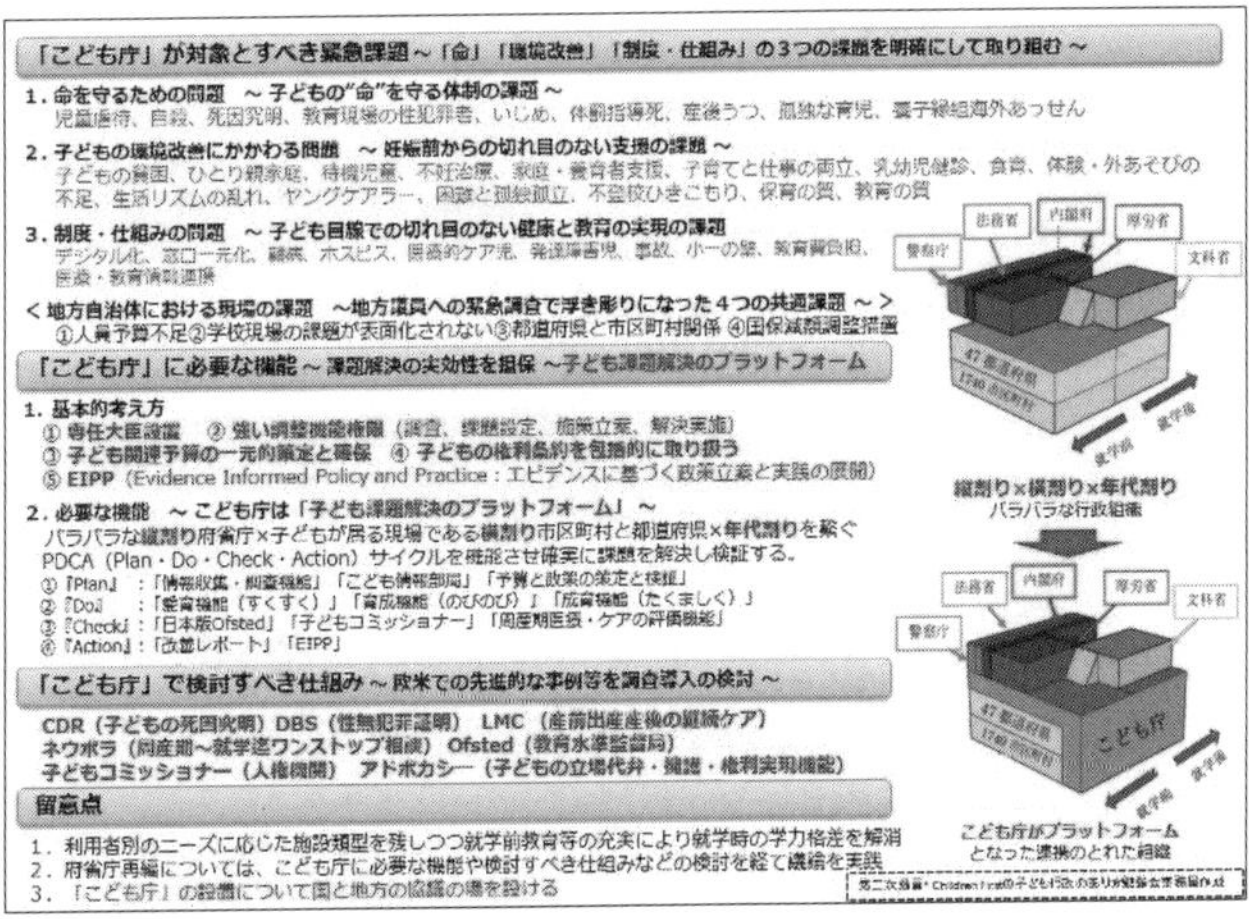

（2021年5月28日　Children Firstのこども行政のあり方勉強会作成スライド②）

にするのか、その違いで回答の傾向まで変わってきます。それに気がついて以降はどちらの方式でも質問を設けるように工夫しています。こうした細部のノウハウの積み上げで、現実に「デジタル民主主義」がダイナミックに政治を動かす瞬間に立ち会うことができましたし、こども庁構想を進めていくなかでも、アンケートはきわめて重要な役割を果たしました。

なにしろ集まる声のボリュームが、これまでのやりかたとは段違いです。

1万7000人以上の方からの4万8000件以上の意見という内容を正面からぶつければ、党もその声を無視できないのです。

自民党初の試み――全国知事会・地方議員との協議

加えて、全国の市区町村会など自治体や知事会との協力体制を取るべく、動いていきました。

全国知事会への働きかけや、「子ども基点で考える子育て研究会」や、こども政策に力を入れる首長らとの積極的な協議を行ったのです。

前述したように、2021年9月8日の第21回目の勉強会には、7月6日〜8月22日の期間で実施したアンケートを長屋光征岐阜県県議会議員、ごうまなみ長崎県議会議員らが取りまとめ、それをもとに作成した要望書を佐藤篤墨田区議会議員から自民党本部「こども・若者」輝く未来創造本部事務総長の福井照衆議院議員（当時）、実現会議の座長である野田聖子衆議院議員（当時）に提出しました。これまで地方議員が中央の政策に意見を出せる機会はほとんどありませんでしたから、これもまた自民党初の試みと言えます。

こどもたちを取り巻く課題の多くは、全国それぞれの都道府県、もっといえば、市区町村のもとに存在しています。いじめや、虐待をまず把握しているのは、学校・教育委員会や自治体ですが、国はそうした情報を一元的に把握できているわけではありません。自治体の規模によっても現場の課題はさまざまに異なります。

ですから、国と自治体が協力し、協議していきながら、解決策を見つけていかなければなりません。どうしても地方議員を巻き込んでいく必要があったわけです。

「こどもに関わる人員と専門人材、予算の不足の問題」「学校現場で起きるいじめや自殺、体罰等の課題が表面化されない問題」「都道府県と市区町村が児童相談所等の施設を共同で設置できる制度の必要性」「国保の減額調整措置の問題」「事務手続き負担の問題」といった課題については、地方自治体と国は協働して、今後も意見交換や調査を継続していかなければならないと考えています。

勉強会の議論の内容については、講師が許可する限りにおいてすべてWEB上で公開してきましたし、マスメディアの取材に対してもフルオープンで受け入れていました。閉ざされた会議室の中だけで話されていたこれまでの政治の常識からすれば、これはまさに異例のやり方でした。

現在でも、勉強会の内容はすべてWEB上で公開され、誰でも資料を見ることができます。こうして勉強会で集まった生の声をもとに、「こども庁」創設をいかに現実のものとするべく行動するのか。

いよいよ、大きな山が動く瞬間に近づいてきました。

第4章 山は動いた！

〜菅義偉総理の決断〜

2021
4.1

「勉強会」から
菅義偉総理への緊急提言
こども庁創設が
いよいよ始動する

「こども行政への要望・必要だと思うことアンケート」報告書を読む菅義偉総理
（山田太郎事務所撮影）

1. 2021年4月1日、菅総理への提言申入れ

3月21日の第88回自民党大会、菅総理は「こども庁」実現に向けての意思を表明しました。1月24日から、「こども庁」への興味を持ち続けていたことがわかった一方で、この時点では、まだ何かが決定されていたわけでもなく、本当に「こども庁」創設に向けて動くかも定かではありませんでした。

勉強会を続け、徐々に注目されるようになりましたが、大きな転換点は、2021年4月1日でした。

この日、私と自見さん、代表世話人である木原誠二議員、牧原秀樹議員は、「Children Firstのこども行政のあり方勉強会」として「「こども庁」創設に向けた緊急提言～こども行政の司令塔を明確化し、縦割りを克服、Children Firstを実現する～」と題した提言書を、菅総理に申し入れるため官邸に向かいました。

提言の内容は、これまで話し合ってきた通り、こどもの医療・保健・療育・福祉・教育を一元的に所管する「こども庁」創設を求めるというものです。

①専任の所管大臣によって率いられる「こども庁」の創設
②こども・子育て関係支出の対GDP比倍増
③行政の縦割りを克服し府省庁横断の一貫性を確保すること

児童虐待数、死亡数、自殺件数の増加を食い止め、まずはこどもの命を守るため、これらの3点を遂行すること。「こども庁」には総合調整、政策立案、政策遂行の強い権限をもたせることも求めました。

総理と私たちは、官邸の総理大臣応接室で20分ほど面談をしました。

提言書に加えて、1万7458名、4万8000件のご意見を私からしっかりと伝えたところ、菅総理はアンケートを熟読し、「改革をするのが私の仕事だ。強い決意でしっかりと取り組んでいく」と発言しました。

2021年4月1日　総理官邸にて（山田太郎事務所撮影）

そして菅総理は、会談の最後に「みなさんへのプレゼントだ」と、「あるもの」を手元にあったファイルの中から取り出し、私たちに手渡しました。

それは、3月21日に行われた第88回自民党大会で総理自身が読んだ演説の原稿でした。たった一枚のわら半紙、そこには以下のことが書かれていました。

私が何としても進めたいのが、「未来を担う子供たちのための政策」です。これは、まさに政治の役割です。子供が、生まれ、育ち、学んでいく、その一つひとつに光をあてて、前に進めていきます。

総理の頭の中に、『こども庁』のことが入っているのかもしれないと思いながら聞いていた党大会の演説でしたが、改めて私たち若手の勉強会を意識して演説原稿を書いていたとわかり、心底感動しました。

党と政府を動かした二階幹事長との会談の舞台裏

菅総理は私たちとの官邸での会談が行われた後、4月1日の午後に、二階俊博幹事長（当私が何としても進めたいのが、「未来を担う子供たちのための政策」です。これは、まさに政治の役割です。子供が、生まれ、育ち、学んでいく、その一つひとつに光をあてて、前に進めていきます。

新型コロナの影響で、厳しい環境にあるひとり親、また２人親でも所得の低いご家庭には、子供１人あたり５万円を給付させていただきます。

不妊治療は、この１月から助成額を大幅に拡充しました。来年４月からは、保険適用します。

先日、最前線で治療にあたられている医師の方からお話を伺いました。今年に入ってから1、2割、受診される方が増えており、効果が出始めているということです。

さらに、この４月には、小学校において４０年ぶりの大改革である３５人学級が始まります。子供１人ひとりにきめ細やかな教育が期待できます。

自殺防止、子ども食堂、子ども見守りなど、困難にある方々と行政のかけはしとして、現場で活動を行うNPOに支援いたします。

そして、すべての女性が輝く社会を創っていきます。党においても、あらゆる意思決定に女性の参画を確保し、見える化する、この方針に沿って、全力で取り組んでまいります。

2021年4月1日　実際に手渡された第88回自民党大会菅総理演説の原稿

時）に対し、「党内に、党則に基づく特別な機関を立ち上げて議論を進めてもらいたい」と具体的な検討を進めるよう指示を出しました。

驚くべきスピードで事態が進展し始めました。

この舞台裏では、そもそも私たちが「4月1日」という日程で、菅総理との面談を実現できたというところに、大きなポイントがありました。

私たちは、菅総理宛ての緊急提言書を出す前から、かなりの作戦を練り、このタイミングで面談することが大きな一手となると計画していたのです。

実は、私たちは、総理との面談の少し前に、事前に二階幹事長とも面談を行い、二階派の議員の面々にもこども庁の構想を伝えていました。そのような流れの中で、二階幹事長もまたこども庁創設について前向きであることを私たちは確信していました。そんな中、4月1日の午後、菅総

2021年3月31日　自民党幹事長室にて（山田太郎事務所撮影）

理と二階幹事長との間に面談の予定があるという情報を事前に入手することができました。

そこであえて、私たちの菅総理への提言を4月1日の午前に設定したというわけです。朝のうちに、我々が菅総理に提言を行えば、その直後に行われる総裁と幹事長の会談の中で「こども庁」に関する話題が出ないはずがありません。

直接、菅総理から二階幹事長に対して、「こども庁」創設に向けて動き出すよう正式な指示を出してもらいさえすれば、一気に、こども庁創設に向けて動き出す可能性がある——このようなタイミングを逃せるわけはありませんでした。


4月1日というタイミングには、もうひとつの理由もありました。

毎年6月ごろには、内閣府では、政権の重要課題や予算編成の方向性を示す「骨太の方針」がつくられます。これが次年度の政策運営の基本方針となるため、「骨太」に「こども庁」の議題を入れなければ予算獲得が難しくなります。

逆算すると、「骨太」に間に合わせるためには5月の連休までに政策を固めておかなければならない。そうなると4月が「こども庁」創設にゴーを出してもらうタイムリミットとも言える——一刻の猶予もない中でのギリギリの緊急提言書提出のタイミングだったのです。

自民党内に総裁直轄の本部を創設

このとき既に、私たちの構想としては、党内でもっとも強い「本部の会議体」を一気につくってしまいたいという思いがありました。成功すれば、何らかの形で、必ずこども庁をつくる方向に向かっていくはずです。逆に言えば、このタイミングでそこまで持っていかなければ、話が振り出しに戻ってしまいます。

党内には、「こども庁」創設に難色を示している議員もいました。だから、一度、どこかでプロセスが途切れれば、二度と創設の是非について話し合う場をつくることなど不可能でしょう。政治の世界では、一度上手くいかなかった構想に、二度目はありません。

省庁をつくるということはそれくらいギリギリのところ

2021年4月13日　自見はなこ議員と党本部の初会合に臨む（山田太郎事務所作成）

で決まるものなのです。

ですから、この機を逃さず、「こども庁」の創設を目指すことを前提とした総裁直轄の会議体を設定してしまうしかないと考えていました。


「4月1日」というまたとないタイミングを計る作戦が、菅総理の中にあったこども庁創設への熱い思いを後押しする形となりました。見事に4月1日に、菅総理から二階幹事長、林幹雄幹事長代理の面会において、「79条機関（＊1）を立ち上げて、こども庁創設を進めていってほしい」と指示が下されました。その舞台裏では、このようなギリギリの調整を行っていたのです。

自民党「『こども・若者』輝く未来創造本部」発足

こうして、4月1日、私たちが菅総理に申し入れをしたその日の午後に、自民党内に総裁直属機関として、「『こども・若者』輝く未来創造本部」が発足しました。その様子が4月1日のNHKのお昼のトップニュースとして、全国に放送されました。

その2週間後の4月13日には、驚くべき速さで、初会合が開催されることになります。

「「こども・若者」輝く未来創造本部」は、二階俊博議員、世耕弘成議員、下村博文議員、野田聖子議員など党幹部や歴代大臣が集まった強力な「本部組織」であり、初会合では、私たちが「Children First のこども行政のあり方勉強会」で取りまとめた提言やアンケートの報告を行って、6月初旬の骨太の方針に、こども庁創設の考えと政策効果を盛り込むことを目指すということで話がまとまりました。

新聞やテレビ等のマスメディアにも「菅政権がこども庁創設に向けて動き出す」と大きく取り上げられ、「次期衆院選の公約にこども庁創設を明記する方針」と発表されました。

こどもに関する政策を一元的に大々的に議論できる場所が、ようやく生まれたのです。

2023年6月3日　党本部にて「こどもまんなか」改革の実現に向けた緊急決議取りまとめ後の記者ブリーフィング（山田太郎事務所撮影）

私たちが「こども庁」草案を出した当初は「新たにこども庁をつくる必要はない。既存の省庁でできることをやればよい」という意見があったのは事実です。

その後も、こども庁などつくれば「こども中心主義に寄ってしまい、こどもがワガママになる」「家族のあり方が壊れる」「時間をかけて慎重に議論すべきだ」といった意見が続出し、議論がまとまらず暗礁に乗り上げかけたこともありました。

しかし、「『こども・若者』輝く未来創造本部」の立ち上げがあったことで、大臣経験がある議員からも「これまでの政治の失敗に真摯に向き合い、こどもファーストで議論すべきだ」という強い意見も多く出され、こども庁創設に向けて凄まじいスピードで動き始めました。

2. 意外な人事、福井照議員が事務総長就任、キーワードは「こどもまんなか」

「『こども・若者』輝く未来創造本部」の本部長は二階幹事長、事務総長には元沖縄北方担当相や、文部科学副大臣などを務めた福井照衆議院議員が就任しました。

当初、私は、「やばい……」と青ざめていました。

福井議員は、それまで私たちの勉強会に来たことが一度もなく、「こども政策」に関わった経歴もなかったため、正直なところ、私としては今後「こども庁」創設に向けてどうなっていくのかという不安を感じていました。意外な人事でした。

事務総長というトップの立場である人が、我々の目指すところに理解を示してくれるのか、提言書ひとつひとつに首を振ってくれるのかよくわからないというのが本音でした。

しかし、私の不安は、良い意味で、杞憂に終わりました。

福井議員は、これまでこども政策に関わってきたという背景はなかったにもかかわらず、事務総長として「こどもを一番とすることが最も大事である」と深い理解を寄せていたのです。

「『こども・若者』輝く未来創造本部」の役員会合で、福井議員は、自身が考える「こども政策」の理念を書いたメモを読み上げました。その中には、「こども支援予算を10倍に」「こども政策の革命的改革を行う」といった大胆な素案も含まれていました。

私も自見さんも、あまりに大胆なこども政策構想の数々を、なんだかハラハラしながら聞いていたのですが、最後に、「チルドレン・ファースト」という文言についてどうするか、という議論になりました。そして、福井議員がとてもいい言葉を提案してくれたのです。

それが「こどもまんなか」です。

「チルドレン・ファースト」はもともと民主党政権時代に使われていたキーワードでもあったので、自民党内では「こども庁」の新しいキャッチコピーを考えたいという雰囲気がありました。

その話題になったときに、福井議員が「『こどもをまんなか』にすればいい」と発言されたのです。「こどもまんなか」という言葉は、鶴の一声で、私たちの胸にすっと入ってきました。

私たちは、こどものことを考える際、大人の視線だけで考えるのではなく、直接こどもたちや若者からの意見を聞いて対策をしていきたいと考えています。その思いを見事に表現した言葉が、ついに見つかったのです。

福井議員は、私たちが「Children First のこども行政のあり方勉強会」で続けてきたこども政策の基本的な方針を、丸呑みする形で非常に大切に扱い尊重してくれました。

第1回の会合以降は、福井議員は、我々がこれまで「勉強会」で扱ってきた内容をそのままのかたちで、本部で議論できるよう取り上げました。勉強会に参加した講師の面々が今度は、「「こども・若者」輝く未来創造本部」にそのまま再度参加し、あらためて同じ話を党内の大勢の議員の前で行うことにも繋がりました。

「太郎とはなこ」グループを丸ごと尊重する姿勢を保ち続け、私たちが議論を積み重ねてきた政策が実現できる道筋がつくられたのです。

その後我々は、「こども庁の役割」「組織のあり方」「担当大臣の配置」など、「勉強会」から途切れのない具体的な議論を継続していくことができました。

党内外の動き　①文部科学省の抵抗

自民党内ではギリギリのスケジュールをこなしながらも、私たちが目指す「こども庁」創設が現実のものとして動き出していました。

ところが、この頃からいくつかの壁が立ちはだかります。

ひとつ目は、文部科学省の強い抵抗です。

文部科学省の幹部から、「こども政策は、文部科学省が担うべきだ」と、「こども庁」の創設に強い反対の声が上がりました。

文部科学省としては幼稚園・保育所だけでなく、小中学校の義務教育の分野まで「こども庁」に吸い込まれて、文部科学省自体が解体してしまうのではないかと不安を覚えたのかもしれません。

そのような文部科学省の抵抗があるなか、元文部科学大臣の馳浩衆議院議員（当時）がこのような寄稿で文部科学省を制し、私たちを力強く後押ししてくれました。しかし私たちは、当初から教育現場でのことは、もちろん基本的に文部科学省の管轄だと思っています。

「こども庁」創設は、「縦割り解消」だけを目的としているわけではありません。

たしかに縦割り行政になっている陥穽に、滑り落ちてしまったこどもたちがいたことも事実です。いじめにあっているこどもの命を救えなかったことも事実です。

しかし、省庁再編が重要なのではありません。どんな省庁再編をしたとしても、現場の現業部門は残ります。それぞれの自治体にある教育委員会の存在もあります。

なので、省庁再編が目的ではなく、こどもたちの命を救うこと、そのための、全責任を

永田町通信 238

太郎とはなこ

馳浩
ハセ ヒロシ・衆議院議員

最近、永田町をにぎわせている太郎とはなこ。参議院議員、自由民主党比例代表の山田太郎さんと自見はなこさん。

山田太郎さんの選挙区はネット空間といわれており、そのかいわいでは絶大なる支持層を持つ。54万票も獲得して郵政候補に次ぐ2位で堂々と当選したときは永田町をざわつかせた。ツイッターを使って熱を拡げて行き、LINEを活用してさらに大衆にとけ込んで行ったのだから、名だたる選挙プランナーすら目がテンになった。

かたや自見はなこさんは小児科医師、自見庄三郎元郵政大臣の次女というれっきとした二世議員に似つかわしくないバイタリティの持ち主で、そのち密さは天下一品。

二人の欠点は、早口すぎる、というところだけで、若手行動派としては異色だけれどもきわめて参議院議員らしい長期的ビジョンを持つ有能な存在。出世より政策実現タイプ。

この二人が着火点となった、

『チルドレンファーストの子ども行政のあり方勉強会～「子ども家庭庁」創設に向けて～』

の初会合に、関心をそそられて出席すると9割方3回生以下の若手議員。ベテランは河村建夫さんと私くらい。

テーマは、子育て、子どもの自殺、障がい児支援、児童虐待、社会養護、子どもの貧困、ひとり親、産後ケア、DV、不妊治療、DBS（無犯罪証明書）制度化、いじめ……。

ありとあらゆる子ども政策について有識者からのヒアリングを週一のペースでつみ重ね、そして秀逸だったのがネットアンケート。

わずか2週間のうちに一万七千人から計四万八千件の回答を得て、その意見をあっというまにまとめて基礎データとし、政策提言に活かしたのだ。まさにネット世代、ネット世界の日常を、政策の（政党活動の）表舞台に登場させたわけだ。

調査分析をふまえて出されたのが、

◯子どもに関する政策の可視化と、行政のとり組みの一元化が必要!! 行政タテ割り打破!! との提言。

幼保一元化というのは古くて新しいテーマであるが、ここまでネット調査を徹底して、ヒアリングを積んだ上で説得力のある提言は前代未聞。

アンケート分析結果を持って、党内の三役や大臣経験者に根回しをする、という昭和の時代のアナログスタイルも忘れないところがまたニクい。

元文科相であり政調会長代理の私のところにも二人で来て意見を求められたので、

「立派な提言だ。でも最初は子ども家庭庁の提言だったのに、どうして子ども庁に変わったの？」

と聞いたら、

「親に虐待された経験のある若者の話しを聞いたからです。オレは親に人生をメチャクチャにされた、家庭を政策の中心にするだなんて反対、という声を聞いて、若手で協議した結果、外すことにしました。」

との返事。

「子どもと家庭と、双方への支援はセットだと思うよ。でも、せっかく皆さんがまとめた提言ですから、これを持って党内を廻ったら良いと思います。」

と答えた。

トントン拍子に根回しは進み、菅総理の官邸にまで足を運び、お墨つきを得ることに。

菅総理も行政のタテ割り打破には執念を燃やしており、さっそく二階幹事長と相談の上、党則79条機関（総裁直轄の政策提言組織）として、

(1)子ども庁の役割りをどうするか

(2)組織をどこに置くか

(3)責任ある担当大臣の配置

などの党内議論をはじめることになった。

私も時を前後して、「子ども基本法」を作り、子どもを権利の主体とし、擁護するための体制作りを塩崎恭久元厚労相と検討中であったので、主体的に「太郎とはなこ」チームのムーブメントを応援する事にした。

そしたら。

さっそく文科省の幹部が入れ替わり立ち替わり私の事務所にやって来て、

「子ども庁を作るなら我が文科省外局に!!」

と猟官運動を始めやがった。

あまりにもわかりやすいあからさまな「族議員囲い込み運動」なので、私は藤原誠事務次官の部屋に行って苦言を呈した。

「なるようにしかならないんだから、文科省幹部がウロチョロしたらあかんよ。萩生田大臣と作戦立てた上で、ワンボイスで子ども庁創設に協力しなきゃ。全ては子どもの立ち場になって政策判断しようよ。菅さんも二階さんもその事をわかった上で、総裁直属機関を作らせたんだから。」

と。

「太郎とはなこ」のチャレンジ、何とかして実を結び花を咲かせるようにと応援したい。

（了）

馳浩『太郎とはなこ』（引用元：「永田町通信 238」月刊誌アップルタウン）

負うリーダーと部署が必要だと。そのために「こども庁」をつくろうと、私は一貫してただそれだけを主張していました。

一方、12月には、「いじめ問題はこども庁の管轄ではない」という議論も出ました。

私はそれに対して猛反対しました。

こどもの世界で起きる重大な問題であるいじめについて、もし「こども庁」が関われないのであれば、こども庁はつくっても意味がない。そうも考えていました。

文部科学省の管轄のもと、これだけ多くのいじめ問題が発生してきたわけです。自殺に関しても、大人とこどもとではやはり事情や原因が異なります。その時の状況に応じて、文部科学省や厚生労働省など他の省庁が関わってくるのは当然ですが、こどもが対象のことについてリーダーシップを発揮してしっかり向き合う省庁が必要だということを繰り返し伝えました。

何度も何度も議論を積み重ね、いじめ防止対策については、こども（家庭）庁と文部科学省、また関係府庁と連携しながら強化していくことに決定しました。

党内外の動き　②マスメディアの論調（幼保一元化への執拗なこだわり）

自民党内で正式に議論が開始されたと同時に、マスメディアが、一斉に「幼保一元化」について執拗なこだわりをみせ、「こども庁」に批判的な報道が目立つようになります。

当時のメディアの論調によれば、『「こども庁』を作るのであれば、長年課題になっていた幼稚園と保育所の2つの存在の課題を解決すべく、幼保一元化を行うべきであり、幼稚園、保育所、認定こども園の管轄が、文部科学省、厚生労働省へと分断されているところまで解決を目指すに違いない、しかしそんなことは可能なのだろうか。だから『こども庁』の実現可能性には疑問符がつく」、というわけです。

この「幼保一元化が行われない限り、こども庁は成り立たない」との報道について、私たちはナンセンスだと感じていました。

保育所と幼稚園の役割というのは、異なるものです。保育所はあくまで共働きなどで保育が必要な養育者の乳児から未就学児を預かるところであって、幼稚園は就学前に学習の準備を行うところです。保育所と幼稚園は目的が異なるものなので、一元化は本質的な目的にはならないと私は考えています。認定こども園は幼稚園と保育所の中間を取ったものではありますが、利用者によって目的が違うため、そう簡単にどの省庁が管轄するか、統合したりできるものではありません。
もとより、これらの一元化を第一の目的としてこども庁をつくるわけではないのです。ですから幼保一元化は今後じっくり取り組めばいい課題だと考えていました。

マスメディアが「こども庁」の構想を「幼保一元化」論にばかり結びつけようとするのを目の当たりにして、なぜいますぐに救うべきこどもたちの命の問題を優先して取りあげないのか、と、時には首を傾げたくなることもありました。こども（家庭）庁ができた今、結局、幼保一元化が最も重要な課題にはなっていません。

しかし、「『こども・若者』輝く未来創造本部」で、タイトなスケジュールの中、冷静にひとつひとつ議論を積み重ねていくことができたのは幸いだったといえます。

*1　79条機関とは、自民党「党則」第7節第79条で定められた特別の機関のこと。党則は次のように規定している。
第七節　特別の機関
第七十九条　総裁は、必要に応じ総務会の議を経て、臨時に特別の機関を設けることができる。

第5章 突然の菅総理の退陣表明

こども庁提言、絶体絶命の危機

2021
9.22

運命の自民党総裁選の
鍵を握るのは
公開討論会だった

衆議院第一議員会館大会議室にて（山田太郎事務所撮影）

1. 突然の菅総理の退陣表明

菅総理に提言を行った同日の4月1日、総裁直轄の本部会「「こども・若者」輝く未来創造本部」が立ち上がりました。「Children First のこども行政のあり方勉強会」を立ち上げた当初は、公約のなかに「こども庁」という言葉が入れば万々歳という想定でしたが、その思惑をはるかに超え、総裁直轄の会議体が設立され、「こども庁」創設に向けた具体的な検討が動き出したのです。これで、勉強会の本来の目的は叶えられたわけですから、勉強会は通常であれば解散、あるいは一旦休止するのが、常識でした。

2021年4月6日に行った第9回の勉強会では、菅総理へ提言を申入れ、我々の要望が前進したことを参加者に報告しました。その際、齋藤健衆議院議員が、「『こどもまんなか』の理念を大事にしているこの勉強会は絶対に解散するのではなく継続すべきだ。我々は政局に振り回されることなく、こどもファーストだということを示していこう」と強い後押しをしてくれたのです。会場に参加していた議員からも賛同の拍手が沸きおこりました。そこで、「Children First のこども行政のあり方勉強会」は継続することになりました。

9月末には自民党の総裁選挙が迫っていました。政局の流れが速く、総裁選挙の結果次第で、こども政策の方向性はいかようにも変わってしまいます。そのことを踏まえて、改めて齋藤議員は「こどもをまんなかに考えるという思いだけは、ブレずに持ち続けてほしい」と発言しました。

菅総理が再選されれば、我々の目指すものを尊重し、総理は応援し続けてくれていたと思います。

ところが、2021年9月3日。予定されていた党総裁選に、菅総理は突如不出馬を表明。前日まで再選の意志を見せていたため、突然の退陣表明に、永田町から全国各地へ衝撃が走りました。

たしかに支持率の低下など以前から苦しい局面が続いていたのは事実です。そもそも1月24日に私が菅総理に呼ばれたのも、若者世代に向けての発信についてアドバイスを求められたのですから、政権が安定していたとはいえなかったのでしょう。

これは「こども庁」創設における最大の試練でした。新政権に「菅総理が進めてきたこども政策」が引き継がれるのか、とても強い懸念がありました。

菅総理もまた、心苦しく思ってくれていた、ということが後でわかります。退陣表明の数日後に官邸で面会をした時のことです。総裁選に立候補しない意思を直接私や自見さんに伝えてくれました。

そして「ごめんね」とひとことありました。

この言葉には私たちも驚き、胸が詰まるものがありました。それほど、菅総理は「こども庁」創設を強く推し進めてきました。おそらくこれまで、裏で多くの働きかけもしてきてくれたのでしょう。

菅総理の言葉を聞き、私たちは、いよいよ、次の総裁選でどんな候補者が出てきたとしても、こども庁を諦めるわけにはいかない、と思いを強く持つようになりました。

2. 自民党総裁選による「こども政策公開討論会」実施までの裏側

2021年9月29日に開かれることが予定された自民党の総裁選挙には、衆議院議員で河野太郎議員、岸田文雄議員、高市早苗議員、野田聖子議員（届け出順）の4名が出馬表明しました。高市、野田両議員は、小池百合子議員（当時）の立候補以来、13年ぶりの自民党の総裁女性候補者として注目を集めていました。当初河野議員が総裁選では有力だという意見も、永田町では流れていました。

外交・安全保障、エネルギー、社会保障制度、財政・金融政策等について、それぞれの立候補者の見解が示されていましたが、こども政策についての各候補者の見解は、メディアでは大きく取り上げられていませんでした。

菅総理が退陣を表明して以来、党の会議体は全て止まっていました。我々の「勉強会」だけが「こども庁」議論継続の命綱でした。

そこで、我々は「勉強会」を主催者とする総裁選候補者による公開討論会を企画したのです。通常、総裁選挙の前には党の青年局や女性局主催の公開討論会は行われるものの、「こども政策」など特定の政策一本に絞った討論会を行うことは異例中の異例です。

大急ぎで党内で根回しを行い、我々は4人の候補者全員が参加する「こども政策公開討論会」の実施計画を練りました。

討論会の日程は9月22日に決め、2週間弱で大急ぎで下準備を進めていきました。

まず9月8日開催の第21回「Children First のこども行政のあり方勉強会」で、登録地方議員373名及び地方公務員から303名の意見を「こども庁の設置を求める要望書」にまとめ、「こども・若者」輝く未来創造本部事務総長の福井照議員、「こども・若者」輝く未来実現会議座長の野田聖子議員に、要望書を手交。もともと討論会のために準備していた訳ではなかったアンケートが、討論会の下準備で大きな役割を果たしました。

さらに、9月11日時点に出馬表明が確定していた、河野議員、岸田議員、高市議員のそれぞれの候補者陣営のスタッフとも密に連絡・調整。イレギュラーにイレギュラーを重ねる突貫作業で、公開討論会の準備を進めていきました。

各陣営の担当者や総裁候補者本人にも、直接討論会の意図について丁寧に説明に回りました。その中で特に印象的だったのは、岸田議員の反応です。こどもの自殺数や虐待数、産前産後に母親や胎児の死亡率がどれだけ高いかといった資料を渡すと、その資料を食い入るように読んでいました。我々は、とにかく誰が総裁になったとしても、「こども庁」創設を引き継いでもらわなければならない、との必死の思いでした。その後、野田議員の出馬表明が確定したのは、公開討論会6日前の9月16日という日程でした。

告知の前の日には、「なぜ外交や経済対策など他の政策ではなく、こども政策だけを討論するのか」という意見や批判が党内からありました。このときには、ありがたいことに、総裁選管理委員のイベント担当であった松島みどり議員が「こども政策は極めて重要であり、各候補の考えを聞く討論会を認めるべきだ」と後押しをしてくれ、「こども政策」の討論会が例外的に認められたのです。

この討論会の当日には、地方議員連絡会で精力的に活動をしていた佐藤篤墨田区議会議員も加わり、370名を超える自民党の地方議員を代表して、各総裁選候補者に「こども庁の設置を求める要望書」を直接届けてくれました。地方議員の一票は、総裁選候補者にとっては非常に大きいものですので、公開討論会は各候補者陣営にとって、決して無視できないものになったと思います。

「すべりこみ」の有識者会議開催

同時に、政府ともギリギリのやり取りが続いていました。

菅総理の退陣表明以前の6月18日、「経済財政運営と改革の基本方針2021」（骨太の方針2021）にも、「（こども庁のような）行政組織を創設するため、早急に検討に着手すること」が明記されたことで、7月7日に政府に関係府省庁の職員からなる「こども政策の推進に係る作業部会」が開催され、内閣官房にも「こども政策推進体制検討チーム」が立ち上がりました。しかし、検討チームは立ち上がっただけで、正式な検討が開催されないまま、菅総理の退陣表明となってしまったのです。

新政権に検討チームがスムーズに引き継がれるのか、不安が募りました。総裁選後に、組閣後にまた新たな検討チームがゼロから立ち上げられ検討を開始していては、年内の閣議決定に間に合わないのではないかという懸念もありました。通常、政府内の検討チームには有識者をはじめとして調整に数か月かかることもあるからです。

なにしろ、12月末までに政府の基本方針を閣議決定しなければ、次の通常国会で「こども庁」創設を議題にあげることはできないのです。そこで、「こども庁」がつくれなければ、すべて終わりです。政治の世界で、同じ議論が1年先送りで再検討されることは、ほとんどありません。この機会を逃せば、もう次はないことも覚悟していました。つまり、菅総理が退陣を表明していても、次期政権が誕生する前に、正式な「有識者会議」を開催しスタートさせている必要があったのです。一度有識者会議が開催してしまえば、新政権で有識者を選び直すことはないだろう。逆に言えば、菅政権の下で会議さえ開いてしまえば、2回目以降は新たな政権の下でもなんとか継続し稼働させていけるだろう、そう考えたのです。

菅総理の退陣が決まったその日から、我々は各府省庁に猛プッシュをかけ、なんとかギリギリの9月16日に1回目の「こども政策の推進に係る有識者会議」の開催に漕ぎつけ、新政権下での会議継続に望みを繋いだのです。

色とりどりのバルーンやユニコーンにびっくり

この頃、一方では、総裁選真っ只中です。

総裁候補者の中には、「こども庁」創設に積極的に賛成していない候補者が複数いるのではないかという情報もありました。

行政改革が叫ばれる中でこれ以上省庁を増やすべきではないという考えもあったでしょうし、そもそも、「こども庁」は必要ないという意見もあったかも知れません。そんな中、なんとか事前に公開討論会を開き、どうにか会場にいる総裁選の候補者全員に「賛成」を表明していただこうという目算を立てました。総裁選の最中に4人の総裁候補全員の時間を確保することは困難を極めましたが、松島みどり広報本部長が、党内総裁選挙管理委員会でも我々の取り組みを後押しをしてくれたことも手伝って、議員主催の討論会では唯一開催が認められ、実現することができました。

この大慌ての開催前日、私は北海道の廣瀬爽彩さんの事件の件で、旭川市の教育長と意見交換をすべく、旭川市に出かけていました（第1章参照）。まさに公開討論会の準備と夕

最初、ファンシーに飾り付けられた会場（山田太郎事務所撮影）

イミングが重なっていました。東京に戻ったのは討論会前日の夜遅くでした。

そして、翌朝討論会の会場に入るや否や、色とりどりのバルーンや大きなユニコーン、こどもたちが描いた絵で溢れていました。あまりにファンシーな舞台ができあがっているではありませんか……。周りに聞くと、自見さんの指示で自見事務所や山田事務所の秘書が一生懸命飾りつけたとのこと。

私が「日本の総理総裁を決める討論会で、緊張感が張り詰める舞台ですから、風船はちょっと少なめにしましょうか」と伝えたら、「かわいいかと思ったのに」と自見さんは残念そうにしていたのを覚えています。

彼女はかなり強気かつ大胆に政策を推し進めていく頼れる相棒なのですが、心優しい小児科医としての一面もあり、こどもたちの喜ぶ空間づくりが身についているのでしょう。

そんなほほえましいハプニングもありながら、木原誠二議員、牧原秀樹議員にも協力いただき、私たちは9月22日、公開討論会を迎えました。

3. 運命の討論会から、岸田政権にこども家庭庁創設が引き継がれるまで

討論会は、9月22日、午前10時30分から衆議院議員会館の大会議室で行われました。私は自見さんとともに公開討論会の司会を務めました。

勉強会で取りまとめた地方議員からの「こども庁の設置を求める要望書」も、候補者にしっかりと手渡しました。

また、全国知事会会長の平井伸治鳥取県知事（当時）もオンラインで出席し「こども庁」設置についての強い期待を寄せました。全国知事会は、２０２１年9月に「国民運動本部」を立ち上げ、今まで以上に各政党に対して政策実現に向けた活発な活動を展開され、自民党総裁選にも、少子化対策の1番目に「こども庁」の創設を重点要望としてくれました。全国知事会が全面的に賛成しているというメッセージは総裁選において大きな影響があったと思います。このことに党内から批判がありまし

（山田太郎事務所撮影）

たが、これは計算済のことでした。

続いていよいよ「こども政策」に関して4つの質問を投げかけました。それは以下の通りです。

Q1 こどもに関する予算、家族関係支出を倍増すべきである
Q2 こども政策を所管する専任大臣を置き強い権限を与えるべきである
Q3 こども庁を早急に設置すべきである
Q4 自民党の地方議員と連携をとってこども政策を進めていくべきである

この4つの問いに対し、4候補者がいかに回答するか。

○か×のふだをあげてもらう瞬間は非常に緊張しました。質問を読み上げたのは、自見さんです。

結果、Q3を除く3問に対し、4候補者全員からの「○」を受け取ることができたのです。これは、正直いって当初の私たちの予想を大きく上回る嬉しい結果で、こども政策の

重要性を全総裁候補が認める力強い内容と受け止めるには十分と思われました。

つづけてQ5として「こども政策について所見表明、こども達や子育て世帯に対するメッセージ」をそれぞれの候補から伺いました。各候補者の持ち時間は7分でしたが、熱い

（山田太郎事務所撮影）

スピーチが繰り広げられました。そのごく一部を届け出順で紹介します。

●河野太郎候補

こども家族の問題を一元的に担当するこども庁が必要だと考えている。霞が関の窓口も同様で、専任の大臣を置いて、こどもの問題を進める責任者が必要。こども庁をつくることになれば、私はまず目標としてこどもの自殺と虐待死ゼロ、こどもの貧困ゼロ。これをしっかりと掲げて実現をしていく。

●岸田文雄候補

私は3人の子の父親として、振り返れば子育ては悪戦苦闘の連続だった。しかし同時にこどもたちは未来であると実感している。事前に、山田太郎・自見はなこ議員からの資料を見た。こどもの自殺者数、いじめ、虐待相談数などの数字は深刻。中でも旭川市の事件をはじめとするいじめや自殺、虐待の防止、そしてこどもの人権や健康、命を守るために、こどもにとって何が必要か、行政のあり方から考える必要がある。

縦割りの壁を壊すことも必要。過去、自殺担当大臣を務めた際、警察のデータと厚生労働省のデータの食い違いに驚いたことを記憶している。こどもに関するデータを共有するところから、一元化の取り組みを進めていかなければいけない。そして妊娠・出産期、乳幼児期、学童期、思春期と成長の過程を辿る時に、責任を持つ部署も決定していきたい。

●高市早苗候補

こどもの取り巻く状況は深刻さをましている。第一に産み育てやすい環境を作ること、第二にこどもが健やかで安心して過ごせる環境を育むこと、最後に誰ひとり取りこぼすことがないよう困難を抱えるこどもたちを支える環境を整えることが重要。私はこの総裁選において、令和の省庁再編に挑戦することを約束いたしました。その中でこども政策を推進するために最も効率的かつ効果的な組織は何かということも検討していきたい。

こども庁提言、絶体絶命の危機

●野田聖子候補

今回、総裁選挙におそまきながら出たことの理由は、まさに先駆けた3候補のこども政策の欠如にあった。これからの持続可能な国家を担うこどもがセンターに置かれていないことに恐怖を感じました。それでも私たち自民党は既に、「こどもまんなか」という世界初の政策を持って、国を変えていこうとしている。世界でもっとも高齢化・少子化が進んだ国というピンチをチャンスに変えるのは、女性、こどもたち、障がいがある人たち、LGBTQなど迫害を受けている人たちなど、社会の中で一番弱いと言われる人たちが、いつも笑顔でいられる国をつくることだ。

どの候補もこども政策の必要性を訴える結果となりました。

当然この時には、どの候補が総裁に就任するのか、誰にも分からなかったわけですが、結果的にいえば、この討論会で岸田議員がこども政策、中でも旭川市の事件をはじめとするいじめや自殺、虐待

（山田太郎事務所撮影）

の防止、そしてこどもの人権や健康、命を守るために「こども庁」が必要だと明言したことは、その後の会議体の継続やこども庁の創設に繋がる非常に大きな意味がありました。

また、討論会の様子がテレビで放送され、翌日の新聞やWEBメディアで取り上げられたことも、思いがけない成果でした。それまで、総裁選でまったくメディアに取り上げられていなかった「こども政策」が総裁選の争点に浮上したのですから、これは願ってもない余波でした。「こども政策」が自民党総裁選の争点となったことも、歴史的なことでした。

岸田政権発足、野田聖子議員がこども政策担当大臣に就任

討論会の1週間後、2021年9月29日に自民党総裁選挙の投開票が行われ、岸田政権が誕生しました。

振り返ってみれば、勉強会が命綱でした。勉強会の活動を通して、事前に370名もの地方議員を巻き込み、意見収集も含めて地方議員の生の声を集めてきたというバックグラウンドがあったからこそ、公開討論会が大成功に終わり、「こども庁」の構想が岸田政権に引き継がれる結果となったのだと自負しています。

岸田内閣が発足して、誰が具体的な推進役に任命されるのか、こどもの命を守ることに熱い想いを持っている人に司令塔になってもらえたら、という気持ちで固唾を呑んでいました。

岸田政権のこども政策担当大臣には野田聖子議員が就任され、自見さんは自民党女性局長に任命されました。

野田議員の大臣就任は、何より心強く感じました。２００７年の与党の消費者庁設置構想を牽引した中心人物であり、２００９年に福田康夫元総理のリーダーシップのもと「消費者庁」が設置された際には、消費者行政推進担当大臣に就任、その後の麻生内閣でも消費者行政推進担当大臣として大いに活躍した省庁や新しい組織を創設した実績のある議員だからです。自民党総務会長や、安倍政権では総務大臣、衆議院予算委員長も歴任されています。組織を立ち上げるというのは、どんな会社でも並大抵のことではありません。ましてや省庁です。省庁の立ち上げに精通し、こども政策に熱い想いを持っている野田議員が司令塔となってくれるのであれば、このあと待ち構える大急ぎのスケジュールを乗り越えられると思いました。

第6章 こども庁・こども家庭庁の名称問題勃発

法案国会提出の閣議決定に間に合うかの攻防戦

2021
12.15

「こども・若者」輝く未来創造本部と
内閣第一部会合同会議が開催され、
「こども庁」の名称の意義を強く訴える

党本部にて（山田太郎事務所撮影）

岸田政権下で政府の「こども庁」創設に向けた動きが一層加速した一方、党内の議員の中には反対の意見が根強くありました。党内では、内閣発足に伴い「こども・若者」輝く未来創造本部は、本部長が二階幹事長から茂木敏充幹事長へと代わり、「こども・若者」輝く未来実現会議の座長は野田聖子議員から加藤勝信議員へと代わりました。

非常に大きな出来事のひとつは、いわゆる「名称問題」です。

私はこれまで本書の中で「こども庁」という表現を使ってきましたが、当初から「こども家庭庁」とすべきだという声が、一部の議員からは強く訴えられていました。実は Children First のこども行政のあり方勉強会も「―子ども家庭庁の創設に向けて―」という副題でスタートしていました。私自身は野党時代の公約時から「子ども庁の創設」と、家庭をつけない名称で公約として掲げていました。その理由は、虐待や事故で両親を失い家庭がないこども達がいますし、逆にこどもが居ない家庭があるからです。

しかし、自見さんと進めた勉強会では、社会的養護下にあるこども達にとっても家庭的養育が重要だという観点も含めて「子ども家庭庁の創設に向けて」という副題でスタートしました。

その後、第3章でも述べたように、第6回勉強会のゲストとして登壇してくださった虐待サバイバーの風間暁さんが、自らの家庭での被虐待体験を語り、「家庭という場所は、私や周囲の同じ経験をした仲間にとっては地獄だった」と発言されたことから、当事者がそう言うのならやはり「子ども庁」がもっとも適当ではないかという流れに変わったのです。

その場に参加していた多くの議員も、この時の風間さんのスピーチに深く同意していたのをはっきりと覚えています。会場にいた橋本岳衆議院議員からは「いっそのこと、子どもも平仮名にして、こども自身が読めるようにした方がいいのではないか」との意見も出たことから、満場一致で平仮名の「こども庁」に変更することになりました。

家族のことが大好きなこどもでも、生まれながらに家庭が存在しないこどもでも、平仮名しか読めないこどもでも、みんなが「自分たちを守ってくれる省庁なんだ」と感じてもらいたい、そういった思いを名称に込めたのです。

実際、2021年4月に菅総理に出した勉強会からの提言書も、「『こども庁』創設に向けた緊急提言」としていましたし、その後の党の議論でも、当然のように「こども庁」という名称で議論を進めていました。

ところが、2021年12月14日、予想だにしない出来事が起こります。

事務所に残り仕事をしていた18時半過ぎ、「政府は従来想定していた『こども庁』の名称を『こども家庭庁』とする方向で調整に入った」というニュース速報が飛び込んできたのです。

このニュースはまさに寝耳に水で、私は驚きを隠せませんでした。党内報告の最終会議の前日でした。後に知った話ですが、私だけが知らなかったわけではなく、党内でもごく一部の議員しか知らない情報でした。

メディアはこれを「保守勢力との戦い」として書き立て、とくに特定の宗教団体からの圧力があって「家庭」という言葉が付け加えられることになったと広く報じて大騒ぎになりました。私にも多くのメディアから取材依頼がありました。

そして、翌12月15日に党の「こども・若者」輝く未来創造本部と内閣第一部会合同会議が開催され、「こども庁」から「こども家庭庁」に変更する修正案が提示されました。私は当時デジタル大臣政務官をしており公務がありましたが、急遽設定されたこの会議に遅刻をして参加しました。

当日の会議には、「子供家庭庁にすべきだ」という意見をもつ議員が複数押し寄せ、「こども庁という名称は家庭をないがしろにしている」「そもそもこどもは親がいないと健全に育たない。親支援がもっとも重要なのだから、こども家庭庁にすべき」というような主張を行いました。「こども政策」では、顔を見ない議員もたくさん参加していました。私と自見さんは名指しで、左派の活動家だと活字にされたこともありました。

しかし、我々は親や家庭をないがしろにする意図で「こども庁」に変更したわけではありません。こどものためには安心できる家庭という居場所が非常に重要ですし、そのためには家庭への支援は欠かせません。また、社会的養護下にあるこども達も、特別養子縁組や里親などの温かい家庭の中で養育されるべきだと思っています。

私や自見さん以外からも「名称はこども庁にすべきだ」との声があがりました。また同様の意見が多数あったことから、「せめて多数決を取ってほしい」という意見もあがりました。私からは再度「こどもと家庭が不可分であることは十分分かりますし、その通りだと思います。しかし、学校や、地域社会も、こどもにとっては非常に重要で、解決しなければならない課題がたくさんあります。『こども家庭庁』とすると、こどもと家庭だけに注力する組織なのかと誤解を招きますし、傷つく人だっている。そうした議論を積み重ねてきたことを踏まえて、シンプルに『こどもまんなか』のメッセージを伝えるために『こども庁』ではダメでしょうか」と強く訴えました。しかし、結果としては、「名称については座長一任」ということで決定されました。

当時、こども庁創設に深く関わり奔走していた私でさえ、一体どのような圧力があったのか分かりませんでしたし、今にいたるまで、本当の経緯や理由、真実を知ることができていません。それだけ唐突な変更を、しかも当初報道で知ることになって、悔しい気持ちで一杯でした。たかが名前、と思われる方もいるかもしれませんが、「こども庁」は単なる名前ではありません。これまで触れたような、当事者や専門家、議員と対話を重ねて決めた経緯がありました。「こども庁」というネーミングには、「たった1人のこどもも取りこぼされない」という大人たちの強い決意と覚悟が込められていたのです。

風間さんたちは、家庭単位ではなく、こども個人に目を向けてほしいと「こども庁への名称変更を求める関連団体・専門家ネットワーク」を立ち上げ、署名活動を展開しました。12月15日から2か月の短期間で3万人を超える署名が集まりました。2022年3月2日には、当時の野田聖子大臣に署名を提出していますが、残念ながらその力も及びませんでした。

名称問題は大事ですが、より大切なのは中身だと、心を切り替えるのが、当時の私が採れる唯一の策でした。「こども庁」の名称問題を我々が最後までこだわっていたら、「こども家庭庁」もすべて吹っ飛んでいた状況でした。実際、最後までこども庁やこども家庭庁創設に反対している議員が複数いたからです。

こどもをまんなかに置いたこども政策が実行できるのであれば、それでいいと腹を括るのが精一杯でした。名称問題にこだわって失われてはいけない重要な理念と目標が私たちにはある。それを見失ってはいけないと、切り替えざるを得ませんでした。政治は妥協の産物であるとも思い知らされました。これ以上粘ると、党内決定もできず、年末最後の閣議決定に間に合いません。そうなれば法案も成立させることはできません。すべては水の泡となってしまうでしょう。

なんとか諦めずに粘りに粘り、「こども（家庭）庁」創設案は、12月17日党内の総務会を通過し、12月21日という年末ギリギリの日程で、「こども政策の新たな推進体制に関する基本方針」の閣議決定に漕ぎ着けました。こども（家庭）庁創設に向けた決定的瞬間でした。

しかし、本当の山場は、名称問題ではなかったのです。

第7章 諦めるわけにはいかない！

困難を極めた「こども基本法」制定

2022
5.24

参議院内閣委員会
（こども家庭庁設置法案・こども基本法案審議）で
自見議員からの答弁に立つ

参議院内閣委員会（山田太郎事務所撮影）

1．「こども基本法」への激しい反発

「こども基本法」とは、こどもの人権を尊重するための大きな枠組みとなる法律です。「こども基本法」の制定までには、数多くの市民社会を代表する団体と塩崎恭久議員（元官房長官・元厚労大臣）らが議論を重ねて、その土台をつくっていました。

また弁護士や医師、里親に関わる専門家、こどもの支援をするNGO法人など、市民社会の中でこどもたちの人権や命にかかわる関係者や専門家が広く集まり、政治の外からの声、とくに現場からの声を寄せ合って提言として法律のかたちを練ってきたのです。「Children First のこども行政のあり方勉強会」でも議論を重ねて、とくに2021年4月26日に行った第12回の勉強会で、「こどもの権利」というテーマで議論を深めました。2021年5月28日にこども庁創設に向けた第二次提言として作成した「こども政策のグランドデザインーこども庁創設に向けて」はまさに、こどもの基本的権利を訴えたものになっています。

2021年の秋頃には、私も下準備を本格化させ、諸外国の「こども基本法」にあたる法律をリサーチし、日本国内の研究者や関連団体にもヒアリングを行って、「こども基本

法」の目指すべき理想像をさらに練っていました。こどもの虐待に関する悲惨な事例を見続けるなかで、「こどもの人権を守る」という視点があまりにも抜け落ちている日本の実情をどうにかしたいという想いで一杯でした。

そのさなかに、まずは名称変更という横槍が入り、更に「こども基本法」への反発が党内で起こったのです。

一部の議員がもっとも強硬に反発したのは「こども基本法」でした。

たしかに名称問題が「こども基本法」をめぐる論戦でのさまざまな弊害になった面も否めませんが、「こども基本法」それ自体への反対にも凄まじいものがありました。

「『こども基本法』がこどもの権利を保障すると、こどもの『わがまま』が助長される」――そんな私には信じられないような意見が数多く出され、果てには「こども基本法はマルクス主義思想で、左翼的だ」「マルクス主義の中には、個人主義を重視しすぎ、家族を否定するような行き過ぎた思想が一部にある。そういうものが入ってくる可能性があり、日本の伝統的な家族観が破壊されかねない懸念がある」「基本法をつくるとマルクス主義の巣窟になる」といった発言もありました。

いうまでもなく、こどもの権利を守ることで、「誤ったこども中心主義」になるということはありません。しかし、当初、理解を得ることはなかなか難しい状況でした。

その中でも、特に争点となったのは、「こどもコミッショナー」の創設でした。「こどもコミッショナー」とは、こどもの権利を促進し保護する人のことです。制度の内容は各国で若干異なりますが、世界70カ国以上で既に設置されています。この制度の必要性については後ほど詳述しますが、この「こどもコミッショナー」を問題視する議員が多数現れたのです。そこで、私は「こどもコミッショナー」の創設具体化は先送りし、検討事項に盛り込みたいと考えていましたが、それでさえも物凄い抵抗があったことは事実です。

北海道・旭川のいじめ事件のように学校の対処が失敗し、被害者側と対立関係になった時や、宗教虐待の問題が起きた時等、コミッショナーが関与できるということが、こどもにとって最後の砦になるのです。こどもの命を守るためのものだと私は訴え続けてきました。

しかし、2022年の1月の時点で、このまま、無理に「こども基本法」を通そうとすると、「こども家庭庁」の成立も危ういかもしれないと感じるほど、「こども基本法」を成立に持っていくのは困難な情勢でした。

先に「こども家庭庁」を立ち上げ、一年ずらして「こども基本法」に取り組んだ方がよいのではと考えもしました。それほど反対が激しかったのです。「時間をかけて慎重に議論すべきだ」といった意見が毎回出て、議論がまとまらず暗礁に乗り上げることが常でした。

そんななかで私を勇気づけてくれたのは自見さんでした。

実は私は、自見さんに「『こども基本法』はもう無理だと思います。今回は諦めましょう」と説得に行ったことがあります。

それでも、自見さんは「諦めない。私は通ると思う」と自信を持って答えたのです。

正直「スゲーなこの人……」と思ったのを、覚えています。

最終的に、「こども基本法」では、附則に「こどもコミッショナー」の検討の土台となる「こども施策が基本理念にのっとって実施されているかどうか等の観点からその実態を把握し及び公正かつ適切に評価する仕組みの整備」との文言が明記されたものの、制度導入とはなりませんでした。

2. 遅すぎる28年越しのこどもの権利の議論

「こども基本法」はなぜ必要なのでしょうか。

まず、背景には、「こどもの権利条約」に対して日本政府が果たすべき役割を果たせていないということがあります。

1989年、国連で採択された「こどもの権利条約」は、1990年に国際条約として発効しました。日本は1994年に批准しています。28年前です。にもかかわらず、日本政府は、残念ながら「こどもの権利」をきちっと保障する国内の法整備を十分に進めてこず、結果として、こどもたちの権利がないがしろにされ続けてきました。

「こどもの権利条約」は、18歳未満のすべての人の保護と基本的人権の尊重を促進することを目的としたもので、次の4つの原則が含まれています。

- 差別の禁止（差別のないこと）

すべてのこどもは、こども自身や親の人種や国籍、性、意見、障がい、経済状況などどんな理由でも差別されないこと。

・こどもの最善の利益（こどもにとって最もよいこと）
こどもに関することが決められ、行われる時は、「そのこどもにとって最もよいことは何か」を第一に考えること。

・生命、生存及び発達に対する権利（命を守られ成長できること）
すべてのこどもの命が守られ、もって生まれた能力を十分に伸ばして成長できるよう、医療、教育、生活への支援などを受けること。

・こどもの意見の尊重（意見を表明し参加できること）
こどもは自分に関係のある事柄について自由に意見を表すことができ、大人はその意見をこどもの発達に応じて十分に考慮すること。

そして、条約のなかで定められている権利には、大きく分けると「生きる権利」「育つ権利」「守られる権利」「参加する権利」があります。

住む場所や食べ物があり医療を受けられるなど命が守られること、教育を受けたり遊んだりしながら成長できること、紛争や戦争やあらゆる暴力に巻き込まれず守られること、自由に意見を表現したり自由な活動ができることなどが、こどもの権利には含まれます。

また、こどもの権利条約第3条第1項は「児童に関するすべての措置をとるに当たっては、公的若しくは私的な社会福祉施設、裁判所、行政当局又は立法機関のいずれによって行われるものであっても、児童の最善の利益が主として考慮されるものとする」と定めて、こどもに関するさまざまな措置を決定する際に、こどもにとっての最善の利益を主に考えるべきこと、つまり「こどもまんなか」であるべきことを掲げています。

こうした基本的なこどもの権利の条約を、日本の国会は29年も前に批准しています。

それにもかかわらず、これまで本書で述べてきた事例のように、こどもが家庭内で虐待を受けたり、親権が強くこどもの権利が軽視されていたり、こどもの自殺率が高く、いじめや不登校などの問題も深刻化している現状があります。

まさに「こども緊急事態」です。

それにもかかわらず政府は国内法の整備を十分に進めるこ

2022年9月8日　ロンドンにてイングランドのコミッショナーと
（山田太郎事務所撮影）

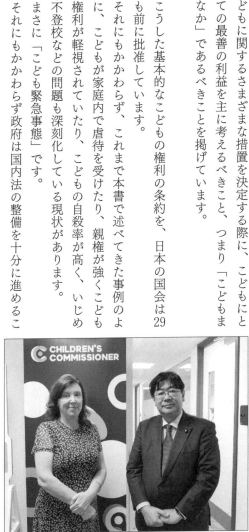

とができませんでした。

象徴的なのが、従来の民法です。民法は、親が監護および教育に必要な範囲でその子を懲戒することができる、いわゆる「懲戒権」を認め、これが虐待されているこどもたちの保護を妨げているとも度々指摘されてきました。その後、「こども基本法」の成立とともに「懲戒権」を規定していた民法822条は、2022年12月の民法改正で削除されることになります。

こどもの権利条約で守られているはずの生命・生存・発達への権利（第6条）、こどもの意見の尊重（第12条）、こどもの最善の利益の確保（第3条）、あらゆる差別の禁止（第2条）という原則が守られているとは言いがたい実情があります。こどもの意見の尊重については、こどもの意見が聴かれていないという切実な訴えが、社会的養護を受けた経験者からも寄せられています。

日本には「児童福祉法」「母子保健法」「教育基本法」「少年法」「児童虐待防止法」「子どもの貧困対策推進法」「成育基本法」など、こどもに関わる多くの法律があります。

しかし、こどもを権利の主体として位置づけ、その権利を保障する総合的な法律が存在せず、こどもの権利が軽視されがちな社会になってしまっている状態でした。

これをまずなんとか解決し、保健、医療、福祉、療育、教育といったすべての分野のこども施策の基本となる国の方針と理念、原理原則を示した法律を整備することが必須だったというわけです。

3. こどもコミッショナー設置の必要性

こどもコミッショナーの設置に関する激しい議論は前述の通りですが、なぜコミッショナーが必要なのか、もう少し詳しく説明したいと思います。

コミッショナーの必要性と海外の事例

こどもコミッショナー制度（オンブズマン制度）とは、1981年にノルウェーで初めて法的な権限をもつ国家機関として制度化されました。こどもの権利が守られているかどうかを行政から独立した立場で監視し、その権利を保護する第三者機関のことです。

その後、1989年の国連総会でこどもの権利条約が採択されたことを契機に世界に広まり、2020年現在で世界70カ国に200以上のこどもコミッショナー／オンブズパーソンが設置されています。近年では2013年にオーストラリア、2019年にはマレーシアにも設置されました。

私は2022年2月に、現役のこどもコミッショナーとの意見交換会に参加しました。話を聞いたのはスコットランドでコミッショナーとして活動するブルース・アダムソンさんです。彼はもともと人権を扱う弁護士でしたが、3代目のこども・若者コミッショナーになりました。スコットランドでは、2003年から独立組織としてコミッショナーが創設されています。

スコットランドのコミッショナーの役割は、地域の小学校を訪れこどもたちや若者の話を聞くところから始まります。その後、こどもたちが直面している問題を政治的な意思決定者らと共に解決していくというものでした。

特記すべきはこうした個人及び団体の活動が、行政と密に繋がっていることです。コミッショナーは議員と連日のようにコミュニケーションを取ります。ただし、必要に応じてこどもの声を代弁して伝え、勧告や調査などを行うといった範囲において権限が与えられています。

ヨーロッパこどもオンブズパーソンネットワーク（The European Network of Ombudspersons for Children: ENOC）によると、2020年現在、ヨーロッパ47カ国中、34カ国がコミッショナーを設置しています。コミッショナーのバックグラウンドは、研究者や教育者、慈善団体出身者、非営利団体の代表などさまざまで、国によって制度のあり方や権限に差異はありますが、基本は、こどもの問題に対して、「調査・助言・喚起・監査」を行うことが主な特徴です。こうした第三者機関による監査制度が、日本にも必要だと私は考えています。

また私は2022年秋にも、イギリス・フランス各国を訪問し、子育て政策や少子化対策、コミッショナーの仕組みについて視察をしてきました。

少子化対策についてはフランスが非常に進んでおり、過去の人口減少の経験から、家族への現金給付、税制や年金における多子世帯への優遇、妊娠出産での医療費軽減や公共交通サービスでの割引などさまざまな家族政策を実施しています。その結果2000年代後半には出生率は2・0前後まで上昇し、現在も1・85、希望するこどもの数も2・4人という数字をキープしています。

イングランドのコミッショナー制度についても現地で調査してきました。

イングランドのコミッショナー制度は2000年の児童虐待死事件を契機として、2004年の児童法に基づき設置されたものです。現役コミッショナーのレイチェル・デ・ソウザさんによると、イングランドのコミッショナーの役割はスコットランドのものとは異なり、主としてこどもたちが置かれている状況把握や課題把握を行い、個別の権利救済はあくまで地方自治体や政府に任されているとのことでした。

とはいえ、コミッショナーから他省庁や自治体への情報開示を要請する権限があり、警察や里親家庭、亡命収容施設等々でのこどもの実態把握に貢献しています。これは、特に現在の日本に欠けている仕組みだといえるでしょう。

コミッショナー制度に関する日本の現状

日本では、1998年兵庫県川西市がこどもの人権擁護・救済のための「川西市子どもの人権オンブズパーソン」を設置しています。

その後、川崎市、埼玉県、世田谷区など現在は30以上の自治体にこどものための独立した権利擁護機関が設置され、その数は増えつつあります。これらの機関の多くはこどもの権利条約を根拠として、首長の附属機関として設置されており、こどもやその保護者や関係者の相談にのり、調査や救済等の活動を行っています。

しかし、国連児童権利委員会からは設置について勧告を受けていますが、国レベルのこどもコミッショナー機関は、日本に存在していません。

反対意見の中には、「コミッショナーを創設すると、国がNPOやNGOに乗っ取られる」といった内容の主張も数多く含まれていましたが、それは世界各国でのコミッショナー制度の実際があまりにも知られていないことにもよります。

実際は、先に書いたように各国でのコミッショナーの権限は、行政機関からの情報提供やこどもへのインタビューを通しての調査機能と、こどもの権利や意見を考慮するよう大臣や国会への勧告、提言を行う機能、そして、「こどもの権利条約」が履行されているかをモニタリングする機能の3つの機能を持っているにすぎません。

イングランドのコミッショナー組織は小規模。予算も年間約2500ポンド（約4億円）程度で、その8割が人件費に費やされているということでしたが、それでも十分役割を果たしています。

残念ながら、議員の中でも「こどもコミッショナー」の具体的なイメージが共有されておらず、内容の理解、その定義もバラバラだったのだと思います。それほどにも、コミッショナー制度を含めたこどもの権利の保障制度について、理解が進んでいないのが日本の現状なのです。

こどもたちの人権を守るために、こどもや施設の聞き取り調査、助言を行い、独立した機関としてこどもたちを守ることができるこのコミッショナー制度は必要だと考えています。しかし今回の「こども基本法」では、コミッショナー導入を見送らざるを得ませんでした。

もしも議論がコミッショナー制度への反対論に呑み込まれれば、「こども家庭庁」の創設も不可能になるという厳しい情勢での譲歩です。しかし、5年以内にあらためて日本版コミッショナー制度を実現するべく、土壌づくりに努めていきたいと考えています。

第8章

国会最終日、ギリギリ可決に漕ぎ着けた法案

険しい山を上り詰めて

2022
6.15

こども家庭庁設置法、
こども基本法参議院本会議で
可決、成立

2022年12月10日　参議院本会議場（山田太郎事務所撮影）

1. 法案成立直前、会期末までの攻防戦

2021年1月から、約1年半という短い期間、「こども家庭庁」の創設と「こども基本法」成立に向けて全力で取り組み、いま振り返るとそのどちらの道筋も波瀾万丈で、険しい道のりでした。

特に年末にかけての反対意見の壮絶さはすさまじいものがありました。しかし、自見さんをはじめ、「Children First のこども行政のあり方勉強会」の仲間になってくれた多くの議員、寄せられた地方議員や市民の皆さんからの力強い声、多くの応援があって、諦めずに戦い抜くことができました。

そして、なんとか諦めずに粘りに粘り、12月21日という年末ギリギリの日程で、「こども政策の新たな推進体制に関する基本方針」の閣議決定に漕ぎ着くことができました。

通常、国会議員は年末には地元に戻りますから、このスケジュールは異例中の異例のことでした。

2022年1月からは「こども基本法」の中身について、自民党の「こども・若者」輝

く未来実現会議のコアメンバーで柱を思案し、党内の実現会議でも議論を重ねました。自民党案が出来上がってからは自公の与党枠組みでも議論の場が、加藤勝信座長のもと進められました。議員立法である「こども基本法案の素案」には、目的や定義、基本理念と共に、国や地方公共団体がこどもの健やかな育ちのために負う責務や努力、「年次報告（白書）」や「こども大綱」の策定、「こども家庭庁」内に「こども政策推進会議」を設置すること、政策に対しこどもたちの意見を反映させることを国と地方公共団体の義務として規定したことも画期的なことで、それらを盛り込むことができました。こども基本法で「こども大綱」を定めることにより、３つの既存の大綱（列挙して良い）が統合されるよう工夫をし、正に「こども家庭庁設置法案」が箱の法律であるならば、

新たな基本法案と既存の法令との関係イメージ

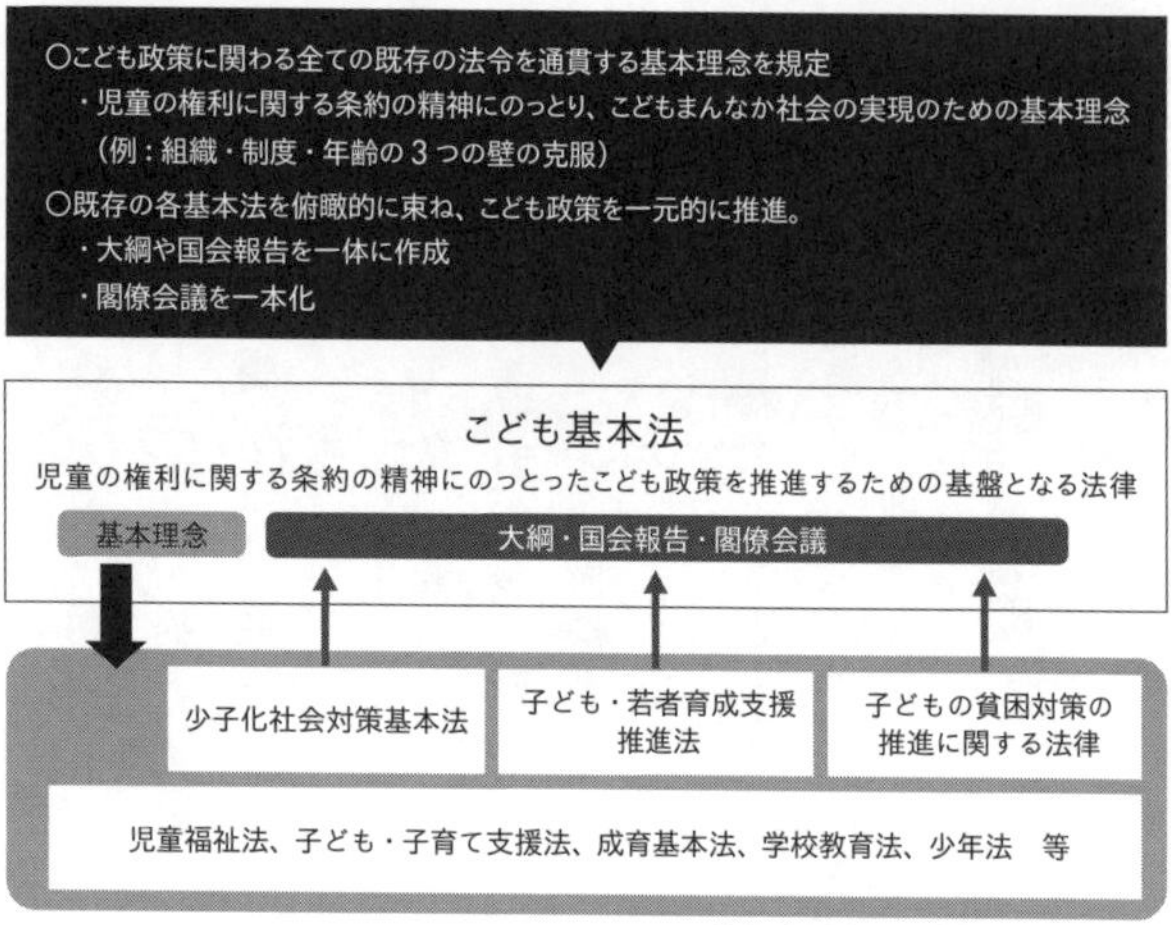

○こども政策に関わる全ての既存の法令を通貫する基本理念を規定
・児童の権利に関する条約の精神にのっとり、こどもまんなか社会の実現のための基本理念
（例：組織・制度・年齢の３つの壁の克服）
○既存の各基本法を俯瞰的に束ね、こども政策を一元的に推進。
・大綱や国会報告を一体に作成
・閣僚会議を一本化
こども基本法
児童の権利に関する条約の精神にのっとったこども政策を推進するための基盤となる法律
基本理念
大綱・国会報告・閣僚会議
少子化社会対策基本法
子ども・若者育成支援推進法
子どもの貧困対策の推進に関する法律
児童福祉法、子ども・子育て支援法、成育基本法、学校教育法、少年法　等

（出典：自民党「こども・若者」輝く未来実現会議）

こども基本法の概要

目 的

日本国憲法及び児童の権利に関する条約の精神にのっとり、次代の社会を担う全てのこどもが、生涯にわたる人格形成の基礎を築き、自立した個人としてひとしく健やかに成長することができ、こどもの心身の状況、置かれている環境等にかかわらず、その権利の擁護が図られ、将来にわたって幸福な生活を送ることができる社会の実現を目指して、こども政策を総合的に推進する。

基本理念

① 全てのこどもについて、個人として尊重されること・基本的人権が保障されること・差別的取扱いを受けることがないようにすること
② 全てのこどもについて、適切に養育されること・生活を保障されること・愛され保護されること等の福祉に係る権利が等しく保障されるとともに、教育基本法の精神にのっとり教育を受ける機会が等しく与えられること
③ 全てのこどもについて、年齢及び発達の程度に応じ、自己に直接関係する全ての事項に関して意見を表明する機会・多様な社会的活動に参画する機会が確保されること
④ 全てのこどもについて、年齢及び発達の程度に応じ、意見の尊重、最善の利益が優先して考慮されること
⑤ こどもの養育は家庭を基本として行われ、父母その他の保護者が第一義的責任を有するとの認識の下、十分な養育の支援・家庭での養育が困難なこどもの養育環境の確保
⑥ 家庭や子育てに夢を持ち、子育てに伴う喜びを実感できる社会環境の整備

責務等

○国・地方公共団体の責務
○事業主・国民の努力

白書・大綱

○年次報告(法定白書)、こども大綱の策定
(※少子化社会対策/子ども・若者育成支援/子どもの貧困対策の既存の3法律の白書・大綱と一体的に作成)

基本的施策

○施策に対するこども・子育て当事者等の意見の反映
○支援の総合的・一体的提供の体制整備
○関係者相互の有機的な連携の確保
○この法律・児童に権利に関する条約の周知
○こども大綱による施策の充実及び財政上の措置等

こども政策推進会議

○こども家庭庁に、内閣総理大臣を会長とする、こども政策推進会議を設置
①大綱の案を作成
②こども施策の重要事項の審議・こども施策の実施を推進
③関係行政機関相互の調整　　等
○会議は、大綱の案の作成に当たり、こども・子育て当事者・民間団体等の意見反映のために必要な措置を講ずる

附則

施行期日:令和5年4月1日
検討:国は、施行後5年を目途として、基本理念にのっとったこども施策の一層の推進のために必要な方策を検討

(出典:こども家庭庁)

「こども基本法」は魂を込めるための法律としての体系をとるに至りました。2022年2月25日に無事「こども家庭庁設置法案」及び「こども家庭庁設置法の施行に伴う関係法律の整備に関する法律案」が閣議決定されました。

一方、議員立法の「こども基本法」を閣法のこども家庭庁設置法案とともに同時に今国会で成立させることができるのか、という時間との闘いがありました。法案の出口を受け持つ参議院は、時間切れで法案が審議入りされなかったことも多く経験しています。

そこで、自見さんと相談し、世耕弘成参議院自民党幹事長に相談に行きました。世耕幹事長からは、「閣法のこども家庭庁設置法案と併せて審議すれば時間的な問題は解決できるのではないか。過去にもそういった事例があったはずなので確認し調整してみると良い」という具体的なアドバイスをもらうことができ、救われた気持ちでした。アドバイスに従い各所に働きかけ、こども家庭庁設置法案（閣法）とこども基本法（議法）を衆議院段階からセットで審議することに成功しました。

こども家庭庁設置法とこども基本法が同日に成立

国会での議論を経て、6月15日に両法案が参議院本会議を通過しました。当初政府は、調整が難航していた「こども基本法」と「こども家庭庁設置法案」を切り離し、5月の連休明けには「こども家庭庁設置法案」だけでも成立させるべく出口も想定していたようです。ところが、4月1日に野田聖子担当大臣が新型コロナウイルス感染症に罹患していることが判明し、突如として国会審議が想定通りに進まなくなりました。役所は大慌てだったようです。しかし、大臣が休んでいる間にも、「こども基本法」は与党内のみならず野党内の法案審査と提出の手続きを踏むことができました。議員立法である「こども基本法」は、与党だけで提出や成立が見込まれる内閣提出法案の「こども家庭庁設置法案」と違って、超党派で合意が事前に取れていることが提出の際に求められるものですので、このタイミングのマジックは、正に奇跡的といえるものでした。最終的に2つの法律は揃って同じ6月15日に成立、通常国会の最終日という滑り込みのフィニッシュとなりました。

あれほど自民党内で猛烈な反対を受けながら、ここまでしっかりとした内容で国会提出までなしえたこと。そして、すべてがギリギリの日程で進行し、どこかで踏み外せば全てが水の泡になるという崖っぷちの日程を走り抜けられたのは奇跡的なことだったというほかありません。

与党協議と国会審議を経て成立したこども基本法は、当初思い描いていたものから、100点満点の内容で制定できたとは思っていません。しかし、まずは、こどもの権利条約の精神にのっとり、こどもの権利擁護が図られることを目的とした基本法が成立できたことは、日本社会にとっても非常に大きな一歩だと思っています。

こども基本法では、国や自治体、公共団体は、企業、NPO、民間団体、地域コミュニティー、あらゆる個人とともに、社会の全員がこども中心に据えて、そのこどもを大切にすることになります。一人ひとりが孤独孤立な状態で悩んでいるのではなく、みんなでさまざまな課題を解決していこうという理念です。また、すべてのこどもは個人として尊重され、基本的人権が保障されることを明記されました。

- 18歳という年齢で区切らず、心身の発達の過程にある人を「こども」と定義
- 自分に関わることに意見を表明する機会が確保される

- こどもの健やかな成長や、結婚・妊娠期から出産、子育てに対する切れ目ない支援

ということが含まれる、画期的な法律になっています。

　しかし、これで終わったわけではありません。

「こども家庭庁」がどこまで「こども政策」を担当するのか、既存の府省庁との役割分担について、こども家庭庁設置法案の素案の段階から与党審査のギリギリまで、激しい議論が続いたのです。

こども家庭庁の創設について

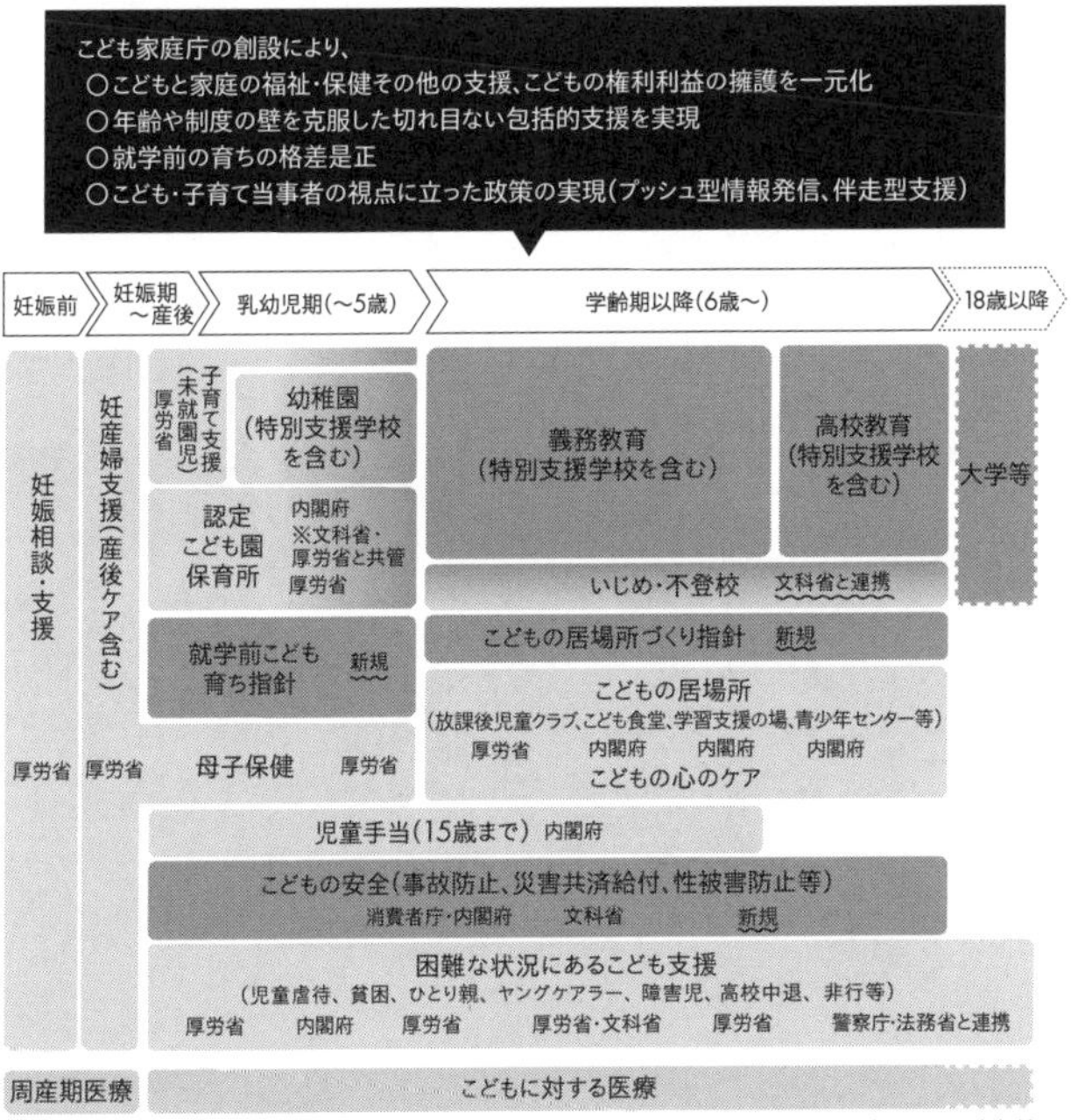

(出典：こども家庭庁)

当初からこの時期まで、文部科学省の管轄もすべて呑み込む形の「こども家庭省」でなければ創設の意味がないとも言われて、文部科学省を解体してでも小中学校の担当を「こども家庭庁」におくべきだという声も党内外にありました。

ただ、私は学校や教育行政の現業そのものを、すべてこども庁に移管し、完全統合しようなどとは、はじめから考えていませんでした。

「こども家庭庁」の創設の目的は、縦割り行政を克服し、こどもに関する政策の司令塔としての責任を担うことです。こどもたちの抱える課題について、抜け漏れがない迅速な対応を実現し、解決に向かって取り組むことです。

当然、いじめや指導死を含めたこどもの自殺（指導死＝学校において教師の指導により肉体的、精神的に追い詰められた生徒が自殺に追い込まれること）、虐待等のこどもの命に向き合う問題に、最後まで責任を持って関わるのは「こども家庭庁」の役割です。しかし当然ながら、こどものことは「こども家庭庁」だけが担うのではなく、各府省庁、各地方自治体にある各機関と情報を適切に共有し、連携をとる必要があります。

例えば学校現場のことは学校、教育委員会、自治体、文部科学省の役割となります。厚生労働省、警察庁、法務省などもそれぞれこどもに関する責任があります。そうしたさまざまな府省庁とも連携しあい、その上で問題解決に至る責任主体としての「こども家庭庁」であるべきだと考えています。

2. こども家庭庁の役割と範囲を巡っての議論の内幕

①いじめ

2021年11月から12月にかけて「こども庁」の役割について骨子をつくり、党内で検討が行われましたが、その頃から「いじめ」を「こども庁」の担務として入れるかどうかについては、何度も議論がなされました。

党内でも「いじめ」の管轄については文部科学省との間でどちらが担当するべきかと意見が分かれ、12月2日時点の「こども政策の新たな推進体制に関する基本方針」の原案には、「こども庁」の役割に、いじめに関する記載はありませんでした。

名称問題で名より実を取る決断をしたとはいえ、私はこの問題では一歩も引くことが出来ないと考えていました。

こども政策の新たな推進体制に関する基本方針（案）

※21日閣議決定予定

- 12月2日（原案）：いじめに関する記載なし

- 12月7日（案）

いじめ防止や不登校対策に関し、文部科学省は、いじめ防止対策推進法及び同法に基づき定める基本方針や義務教育の段階における普通教育に相当する教育の機会の確保等に関する法律及び同法に基づき定める基本指針に基づき、教育委員会を含む学校設置者、地方自治体が行う取組に対して、必要な指導・助言等を行う指針等に基づく支援を充実する。

こども庁は、文部科学省が指針等を変更する際に事前協議を受けることとするほか、地方自治体における相談体制の充実や居場所づくりの推進、地方自治体や民間団体等における学習支援の充実、要保護児童対策地域協議会や子ども・若者支援地域協議会の枠組みの活用による地域の居場所等と連携したアウトリーチ・支援など、関係機関等が連携した支援の充実を進める。

また、文部科学省が個別の事案に関して行う指導・助言等に関し、所掌事務の遂行のため特に必要がある場合には、こども政策を担当する内閣府特命担当大臣は、３（３）に従い、文部科学大臣に対し、必要な資料の提出及び説明を求め、勧告を行い、さらに当該勧告に基づいて採った措置について報告を求めるなどの関与を行う。相談対応の充実や居場所づくりの推進、子ども・若者支援地域協議会の枠組みの有効な活用等を通じた支援の充実を進める。

こども政策の新たな推進体制に関する基本方針（案）

※21日閣議決定予定

- 12月15日（案）：

いじめに関し、こども家庭庁は、学校外でのいじめを含めたこどものいじめの防止を担い[25]、事案の把握、いじめの防止に向けた地方自治体における体制づくり等を推進する。また、重大ないじめ事案への対応について、必要な情報を文部科学省と共有するとともに、地方自治体での共有を促進し、学校の設置者等が行う調査における第三者性の確保や運用等についての改善などの必要な対策を文部科学省とともに講じる。

さらに、文部科学省が個別の事案に関して行う指導・助言や調査等に関し、所掌事務の遂行のため特に必要がある場合には、こども政策を担当する内閣府特命担当大臣は、３（３）に従い、文部科学大臣に対し、必要な資料の提出及び説明を求め、勧告を行い、さらに当該勧告に基づいて講じた措置について報告を求めるなどの関与を行う。

[23] 厚生労働省から移管。
[24] 厚生労働省から移管。
[25] 新たに所掌事務規定を設ける。

（山田太郎事務所作成）

私は「いじめが所管に入らない『こども庁』であるならば、創設する意味がない。こどもの問題を解決できないような中途半端な物を作るくらいならやめた方がいい」と「こども庁設立準備室」の官僚に迫りました。山田太郎が「こども庁」創設に反対するかも知れない。この私の発言が党内外で大騒ぎになります。

いじめは、学校の中だけで起きるとは限りません。旭川市の廣瀬爽彩さんの事件のように、学校の外で自ら命を絶つほどに追い詰められることもあるわけです。「学校外のことなので把握できない」などという言い訳はあってはなりません。ここに、誰かがはっきりと責任を持つために、「こども庁」の存在が必要です。

いじめを取り扱わないということは、「直接的なこどもの課題の解決にこども庁が携わらない」と宣言するようなものです。これでは、国と都道府県、教育委員会との横割りの問題を解決できません。もちろん、いじめだけが重要という訳ではなく、いじめというカテゴリーにかかわらず、こどもたちが実際に抱えているあらゆる困りごとに、「こども庁」は具体的に関わっていくべきです。

もちろん各都道府県下、市区町村の学校にいるこどもたちの間で起きていることについては、当然教育機関、及び、文部科学省も責任を持つべきです。そして具体的に問題に向き合い解決を図るべきです。ただし、そうできない場合は、「こども庁」がしっかり対応する使命があります。この件に関しては、参議院議員の古賀友一郎議員も「いじめはこども庁で責任を持つべきだ」と強く主張していました。

こうして何度も議論を重ねて、「こども庁」と文部科学省はいじめ問題を共管できるという結論を勝ち取りました。

この議論をもとに、12月15日には、こども政策の新たな推進体制に関する基本方針案として、

いじめに関し、こども（家庭）庁は、学校外でのいじめを含めたこどものいじめの防止を担い、関係機関や関係者からの情報収集を通じた事案の把握、いじめの防止に向けた地方自治体における具体的な取組や体制づくり等を推進する。また、重大ないじめ事案への対応について、必要な情報を文部科学省と共有するとともに、地方自治体での共有を促進し、学校の設置者等が行う調査における第三者性の確保や運用等についての改善などの必要な対策を文部科学省とともに講ずる

という文言を入れることになりました。「こども庁」の役割は、こどもへの対策として横割り打破をできるようになった瞬間でした。

②不登校・こどもの障がい

次に、不登校問題についてですが、こちらもまた文部科学省と連携を保ち、こども（家庭庁）が責任を持たなければならない分野です。学校に行けない／行かないこどもたちについても、これまでは文部科学省が担当していました。しかし、当のこどもたちは、学校にはいないわけです。

家庭内または、私営のフリースクールなど、別の居場所を探して、日々過ごしています。学校にいないこどもたちを文部科学省がどこまでケアできるのかと考えると、この問題にも「こども（家庭）庁」が関わっていく必要がありますし、放課後の児童クラブや、こども食堂、あるいは虐待やいじめから逃れるＮＰＯのシェルターのような場所を含め、こどもの居場所について総合的に考える責任者を立てるべきです。

また、障がいがあるこどもについても、これまでは「福祉」、つまり厚生労働省の管轄で対応されてきましたが、「教育」と重なる部分もあると考えています。障がいがあるこどもたち、医療的ケアが必要なこどもたちも、成長し、体調が安定している時は、学校に行きたいという思いを持つこともあるでしょう。そうした権利が認められ、希望が叶えられるべきなのです。

いわゆるインクルーシブ教育（障がいのある人と障がいのない人が、共に学ぶ仕組み）をどう扱うか、どう整備していくのか、この問題も、文部科学省、厚生労働省とともに協力し合いながら、「こども（家庭）庁」が中心となっていくべきだと考えています。

このように、どの問題をとっても、こどもたちが所属している場所、存在している場所、年齢はさまざまに異なります。それぞれのケースによって、管轄が異なるようであれば、ひとりの子が抱える問題を、最初から最後まで責任を持って支える責任者がいなくなるのです。

障がいも大人とこどもとで対応が異なります。自殺も、大人とこどもとでは分けて考えてサポートするべきです。成長過程や、所属場所が変わったときに、縦割り、横割り行政のはざまに落ちてしまい、支援を受けられないことがあってはいけないのです。文部科学省は教育を扱い、厚生労働省は母子保健の責任をもち、法務省は、人権救済や非行や犯罪に関わる未成年の矯正・更生に関わり、警察庁は児童の性的搾取を取り締まり、内閣官房は犯罪からこどもたちを守ります。このようにそれぞれの管轄はあるものの、どの府省庁も対応しきれない切れ目が必ずあります。

妊娠期から、出産の産前産後、就学前後、義務教育から高校進学といった制度の「切れ目」をなくし、こどもに必要なサポートや、心のケア、居場所作り、親への支援を徹底することが大切だと考えています。

こども（家庭）庁は、単なる、従来の機関の寄せ集めの機関ではなく、これまで機能として存在しなかった〝はざまの部分〟のサポートについて考える、主体的な組織となりました。こどもの福祉、保健、権利、利益の擁護からこぼれる人がいないか、縦割り・横割り・年代割り・地域格差のはざまに残る問題を一

2023年4月3日　参議院決算委員会（山田太郎事務所撮影）

元化して見守るための機関であるべきです。

3. 岸田総理へのこども家庭庁創設の時の国会審議

このような相当の難産の末、２０２３年4月1日に、「こども家庭庁」が発足しました。こども家庭庁発足に際し、私は２０２３年4月3日の参議院決算委員会で、岸田総理に向けて質疑を行っています。

ちなみに、２０２２年12月10日の参議院本会議でも、いわゆる旧統一教会被害者救済新法成立について賛成討論を行い、主に旧統一教会の信者を親にもつこどもたちの救済、いわゆるカルト宗教2世の宗教虐待問題を児童虐待の一部として捉えるべきという討論をしました。

２０２３年の4月3日の決算委員会では、「こども家庭庁」の創設と「こども基本法」の施行に際し、すべてのこどもに「個人として尊重され、基本的人権が保障されること」「適切に養育されること」「生活を保障されること」など、こどもがひとりの人間として基本的な権利が守られるべきだということを主張しました。

またこの時は、直接、岸田総理に質疑をする機会を得て、改めて以下のように問いました。

「今後、こども家庭庁を通し、こどもの命、健康、人権について重点的に取り組むこと。これ以上こどもが命を落とすことがない社会をつくり、日本ではこどもが原則死なないと言えるよう力強く宣言いただきたい」

これに対し岸田総理は、データ活用の縦割り克服を訴えた自身の総裁選挙の折のことを振り返り、また児童生徒の自殺者数が５１４人と過去最多となり、児童虐待の相談数も20万人と厳しい情勢であることを踏まえて、

「自殺や児童虐待によりこどもが命を落とすことがあってはならない」「こども家庭庁においては、こどもの視点に立って、こどもの権利利益の擁護をはかり、最善の利益を実現できるよう施策の充実に取り組むとともに、こども政策の司令塔として、警察庁、厚生労働

省、文部科学省など、関係省庁と連携しつつ、こどもの自殺対策や児童虐待防止対策、不慮の事故の防止など、こどもの安全対策に重点的に取り組んでいきたい」

と答弁しました。

「こどもが命を落とすことなく、健やかに成長できる社会の実現に向けて、全力を尽くして参りたい」と、力強い言葉を総理が発言したこと、それも「こども家庭庁」の発足式が行われたその日、国会で、岸田総理からこの言葉を引き出すことができたのはとても大きなことだったと感じています。

第9章 こども家庭庁の役割とこども政策推進のために

——今必要なこと——

2023
4.1

こども家庭庁発足

2023年4月3日　参議院決算委員会（山田太郎事務所撮影）

1. こども家庭庁の役割

いくつもの波乱を乗り越えて、2023年4月1日に発足した「こども家庭庁」。内閣総理大臣の直属機関として設置され、「こどもまんなか」をスローガンに活動を開始しました。本章では、「こども家庭庁」の役割について簡潔に述べたいと思います。

第一に、こども家庭庁は、こどもの視点に立った司令塔機能を果たしていきます。こども家庭庁には内閣総理大臣のリーダーシップのもと、各省庁に対する勧告権が付与され、こども政策に関する総合調整に当たることが定められました。2022年8月からは、野田聖子衆議院議員から引き継ぎ、小倉將信衆議院議員が内閣府特命担当大臣に就任しています。

こども家庭庁で、いま大急ぎで取り組まれているのが「こども大綱」の策定です。より総合的なこども政策を実行するための土台となる大綱で、一刻も早く策定されるべきものです。これまでばらばらに存在していた「少子化社会対策大綱」「子供・若者育成支援推進大綱」「子供の貧困対策に関する大綱」がひとつに束ねられます。

こども大綱は、こども家庭庁がリーダーシップを発揮して策定していくこととされています。具体的には、内閣総理大臣と全閣僚で構成される「こども政策推進会議」で案を作成し、閣議決定を行います。また、「こども家庭審議会（内閣総理大臣の諮問機関）」で、こどもや若者、子育て当事者、学識経験者、地域においてこどもに関する支援を行う民間団体等からの意見を聴き、反映させていくとされています。

これまで超スピードで走ってきた私からすると、具体的な「行程表」がこども大綱に盛り込まれることが一番大事だと思います。どのような政策をいつまで、誰の責任のもとで進められるのか。それには、充分な予算や人員が割り当てられるのか。絵にかいた餅に終わらせないためには、最も大切なことです。一刻も早く、しっかりとしたものが完成することを願っています。

こども家庭庁には、内部部局として「長官官房」のほかに「成育局」と「支援局」が置かれています。

成育局では、産前産後から子育て期を通じた包括的な支援、そして小学校就学前のこどもたちの育ちを保障するための政策を担います。また学校以外のこどもの相談先や、居場所づくりを進めます。もちろん、こどもたちの性被害を防止する日本版ＤＢＳ（Disclosure and Barring Service）や、事故や虐待等を予防するためのこどもの死亡検証（ＣＤＲ）にも力を入れていきます。

支援局では、さまざまな困難を抱えるこどもたちや、家庭に対する包括的な支援が軸になります。地域の支援ネットワークをつくって児童虐待防止対策を強化し、いじめや不登校対策については文部科学省と連携を持って取り組んでいきます。年齢や制度の壁にとらわれず、あらゆるこどもたちが抱える困難をサポートしていきます。ここには社会的養護の充実や自立支援、貧困対策やひとり親家庭の視点、障がい児支援も含まれます。

こうした内容は、２０２１年12月に閣議決定された「こども政策の新たな推進体制に関する基本方針」などに沿って、こども家庭庁設置法とこども基本法によって定められたものですが、さらに遡れば「Children First のこども行政のあり方勉強会」で話し合ってきたものでしたから、当時の議論や理想形がそのまま「こども家庭庁」の原型となったといえるでしょう。

例えば、学校に行けないこどもたちや、放課後を過ごすためのこどもの居場所問題は、今まで行政ではほとんど取り扱ってきませんでした。児童クラブやこども食堂、あるいは虐待やいじめから逃れるシェルターのような場所を担うのは、いつもNPOをはじめとする、民間の事業でした。これからは、そうした民間の知見や経験を活かして、行政とのしっかりとした連携のもとで、社会全体でこどもを守っていく——こうした「こどもまんなか」のしくみをつくるのがこども家庭庁の果たすべき役割です。

2. これからの「こども政策」展開の課題

「こどもまんなか」という理想を実現・実装するために、残された課題はいくつもあります。

①地方への展開——こども家庭センターを必置へ

もっとも大切なのは「肝心のこどもたちは永田町や霞が関にいるわけではない」ということ。また、その当たり前な事実を、すべての関係者があらためて胸に刻むことです。こども政策の大綱や白書は永田町や霞が関の会議室でつくられるものでしかありません。

こどもたちがどこにいるかというと、日本の都道府県、各地の市区町村です。大都市だけでなく、人口が非常に少ない村や町にもこどもたちは暮らし、生活をしています。

基礎自治体が直接こどもたちの問題に対し向き合う必要がある。現在圧倒的に人員が不足している「こども行政」を、各自治体の体制から整えていかなければなりません。

こどもたちの抱える困難に気がつくことができるかどうか。そして困難を抱えて大変さの中にいるこどもたちを「みつける」ことができたならば、彼らを適切な支援が受けられる場所に「つなげる」必要があります。

しかし現状では、仮に誰かが気がつき、困難を抱えるこどもをみつけることができたとしても、基礎自治体の人員が不足しており、責任を持って対応できる状況にはありません。しかも国、都道府県、市区町村が横割りになっていて、ひとりのこどもに必要な支援をし続けられる役割の人がいないのです。

例えば母子保健は市区町村が担当し、社会的養護は都道府県の担務になっています。もちろん役割を分担すること自体は必要ですが、両方を繋いでくれる場所がありません。あ

「地域内の学齢期のこども支援」に焦点を当てた見取り図例

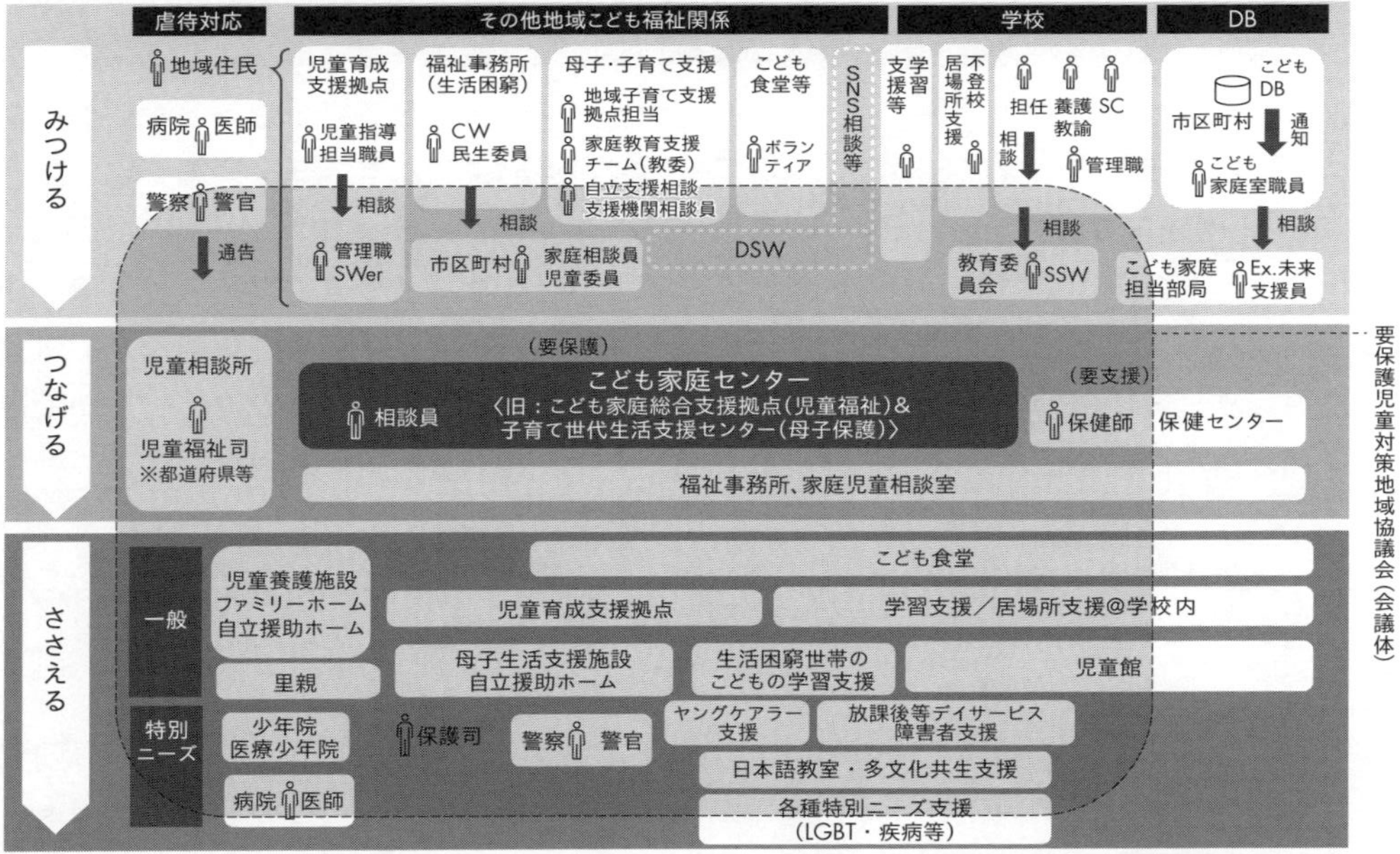

（出典：特定非営利活動法人Learning for All作成資料に山田太郎事務所加筆）

るいは、年齢が上がっても、それまでと繋がりのある支援を継続できるしくみが、現状不十分です。

「みつけて」、「つなげる」。このプロセスがあって初めて「ささえる」ことが可能になります。

私は「こども家庭センター」をとにかく各自治体に行き渡らせることが、まず大切だと考えています。

2022年6月の児童福祉法改正で、「こども家庭センター」の2024年度からの設置が「努力義務」とされましたが、「必置義務」とするべきだと考えています。

全国の市区町村1741の人口の中央値は2万3000人。そして、全市区町村の3分の1は人口が1万人以下です。これだけ小さな自治体では、こどもへの予算や専門家人材を置くことが非常に厳しくなります。しかし、人口が少なくこども政策にかけられる予算も少ない市区町村であっても都道府県と連携した「こども家庭センター」があれば、そこから行政の支援に「つなげる」ことができます。介護・福祉における「地域包括支援センター」と同じように、全国にこれを充実させていけば、こどもたちや親がいつでも専門家と気軽に相談できるような場所を全国に展開していけるはずです。生まれた場所によって助けられない命なんてあってはならない。こどもの命に関わる政策はユニバーサルで考えていくことが重要です。

自治体の中には、都道府県と市区町村が連携して包括的な相談体制を整えている先進事例や「子育て支援センター」を複数の保育所に設置する自治体もあります。こうした施策がもっと広まっていかなければならないと思っています。

②民間団体(非営利団体)の参画を促す

こどもたちに何か問題が起きた時や、こどもが困難を抱えているとき、一番そばにいて「きづく」ことができるのは、学校の先生やソーシャルワーカー、放課後クラブの指導員、児童福祉事務所、あるいは「こども食堂」などを運営する地域の民間団体でしょう。ですから民間団体と行政の連携を強め、「つなげる」ための仕組みを整える必要があります。

現状、NPOの多くは小規模運営をしているケースが多く、草の根の活動が中心で、自治体や行政に繋がりを持てていないことも多くあります。あるいはそれぞれの自治体が民間団体を抱え込んで、こども支援をアウトソーシングしているような状況になっています。

そうではなくて、それぞれ素晴らしい活動をされている民間団体を横串で繋げていき、同時に、自治体や行政とも繋げていく仕組みをつくっていかなければならないのです。縦にも横にも繋がった支援のネットワークのまんなかにこどもがいるという状態に持っていかなければ、本当の意味でこどもを支えることにはなりません。

③個人情報保護法の課題解決

行政と民間団体が連携をとり、こどもを共同で見守ることが理想ですが、現実にはそう簡単にはいかない事情があります。ひとつ、決定的な障壁になってしまっているのが、個人情報保護法です。こども問題に限らず、社会のＤＸ化を推進していく際には困難な壁になります。

こどもの支援においても、個人情報の利用制限を厳格にすると、「つなげる」がうまくいきません。匿名を維持し、個人が特定されない状態で、支援の先を繋げることは、現実的には非常に厳しいのです。

民間団体がこどもの家庭状況や個人情報を行政に報告することはできても、逆はたいへん難しい。行政が把握している個人情報を民間に共有し、協働での支援を依頼するということは事実上できません。また、行政内であっても、福祉部局と教育部局で情報共有することや、転居の場合に自治体間で情報共有することにもハードルがあります。

本来はこどもを地域みんなでを見守っていきたい。しかし、民間にどれだけ情報を共有することが許されるのか。個人情報保護法との関係をどのように整理していけるのか、今後の大きな課題です。まずは個人情報保護委員会で、こどもの見守りに関する情報連携の問題を①管理主体、②情報利用の同意不同意、③目的内利用の観点から、法令のあり方、定義をしっかりと見直す必要があります。そこから地域全体でこどもたちをサポートしていく基盤をつくっていくべきです。そうした道筋をつくるのも「こども家庭庁」の役割だと考えています。

「こどもDX」に関しては、私自身、自民党内のこどもDX小委員会委員長として進めてきましたが、まずは児童福祉司や学校の先生、ソーシャルワーカー、民生委員など、こどもに関わる大人たちの役割と責任を統合し、情報を一元化していく必要があると考えています。

あるいはこどもを抱えて困っているシングルペアレントの人が、多忙ななか、行政の窓口に何度も出かけていかなくてもさまざまな申請ができる、ネットを通じて必要な公正証書を作成したり、保育所の検索や申請ができたりするようにし、「子育てワンストップサービス」となる仕組み作りをデジタル庁を中心に各関係府省庁と連携しながら進めていきたいと考えています。

④予算検証・EBPMで確実な政策実行

こども家庭庁設立準備室が発足した当時から、私は「我が国のこどもに関する予算は、何に一体いくら使われているのか全体像と詳細を明らかにすべきだ」と主張してきました。しかし、現実には、こどもや家庭の課題ごとに各省の予算を把握することは困難を極めました。官僚からの答弁は、「地方自治体に地方交付税で交付しているものは、何に使われているか把握しようがない」とか、「障がい児者政策は大人とこどもを分けていないため、障がい児だけの予算はわからない」といった具合です。まずは、現状の予算をしっかりと把握することから始めるべきです。

いくら「こども予算を倍増するべきだ」という主張がなされ、また仮にそれが実現したとしても、EBPM（エビデンス・ベースト・ポリシー・メイキング／エビデンスに基づく政策立案）によって、無駄のない予算検証が行われなければしっかり効果があることにお金が使われたのか分かりません。確実に政策が実行されるために行程表を策定し、取り組むべき施策が具現化される必要があるのはもちろんですが、本当に意味のある形で予算や施策が実行されたのか、着実に把握し、次なる政策にフィードバックし続ける必要があります。従来のように、各府省庁から地方自治体に予算を配って、あとは自治体に任せて終わり、というような雑なやり方は通用しないのです。特に新しい政策を動かす際には、あらかじめEBPMを意識した予算計画を決定しておくべきです。そのような予算決定は、民間の企業では当たり前のことです。

行程表で優先順位と実行する責任者を決める必要がありますが、間違いなく最優先されるべきは、こどもの命に関わることです。「いじめ」「不登校」「虐待防止」「こどもの貧困」「障がい児支援」等、それぞれの取り組みに必要な予算を割り出し、有効に使っていく。いじめがどう解消・予防されたのか、不登校の子が減ったのか、虐待を受けた子の受け入れ先は増えたのか、比較検証がしやすいテーマであると私は思います。

私の事務所でも事前にこうした「こどもに関連する課題に係る施策・予算表」を作成し、官房長官や歴代の大臣にも既に目を通してもらうなど、説得を続けています。

こども家庭庁の特命担当大臣である小倉大臣は、金融業界での実務経験があり、EBPMについての著書もある専門家です。2023年6月、こども家庭庁内にこども政策の立案にあたりデータを積極的に活用する「EBPM研究会」が開催され、年内に報告書が取りまとめられます。「こども大綱」においてもEBPMについての方針が示されるはずだと期待しています。

3．こども家庭庁とこども基本法で、社会は変わっていくのか

「こども家庭庁」と「こども基本法」が生まれたことで、こどもたちが、安全かつ幸せに生きる権利を得られる社会にしていくための素地ができました。しかし、本当に社会を変えていけるかどうかは、ここから具体的にどう動いていけるかにかかっています。

こども大綱を一刻も早く完成させること。先ほどにも述べたように、政策の優先順位と責任者を明記した「行程表」が大綱に挙げられた政策毎にしっかりつくられれば、国や地方自治体

2023年4月5日　参議院内閣委員会（山田太郎事務所撮影）

のこども政策は一気に加速します。
いまこの瞬間にも命の危機にあるこどもたちを救い、安心・安全に暮らせるようにすることが、最優先です。少子化対策が重要であることはいうまでもありませんが、そもそも安心してこどもが生きていける社会でなければ、少子化対策もはじまりません。

2023年4月5日の参議院内閣委員会での質疑では、私は小倉大臣に対し、「こども大綱」を単なる叩き台にせず、必ず実行されるよう行程表を入れることを強く求めました。また「こども家庭センター」の全国展開についても大臣の具体的な見解を求めました。

小倉大臣は「こども大綱についてはPDCAサイクルを回して、今後3年間に集中して実施していく」と答弁し、「こども家庭センターの全国展開への取り組みを行い、デジタル技術を活用した子育て家庭の負担軽減に向け、こども家庭センターの役割の検討を進める」とも回答しました。

心身の障がい、および発達障がいがあるこどもたちを守ることも然りです。障がいがあるこどもを育てる家庭への所得制限を優先的に撤廃することなどは、いますぐにでも着手できる政策ではないでしょうか。

小倉大臣は、この件に関しても、以下のように答弁しました。

こども家庭庁としては、発達障がいがある子とその家庭を、早期から切れ目なく支援するため、児童発達支援センターを中核とした地域における障がい児の支援体制の強化に取り組むとともに、厚労省や文科省等の関係省庁の連携を確保し、各自治体において、個々のこどもと家族のニーズに応じたきめ細かい対応がされるようしっかり取り組んでまいります。

こうしたひとつひとつの問題への取り組みが、どこまで真摯に実践されるのか。「こども家庭庁」発起人のひとりとして、私はこれからも、しっかりと目を向けていきたいと思っています。

最終章

政治を動かすということ

「こども庁」の私案を菅前総理に提出してからの1年半、こども庁創設までの道のりは、いつ崖崩れが起きてもおかしくないような険しい山を、必死で登っているような波乱の日々でした。

しかし、こどものために政策実現に命を賭ける政治家がいれば、こども政策は変えることができる——そのことを強く訴えたいと思い、本書を執筆するに至りました。

もともとのスタートは、船戸結愛さんや栗原心愛さんの家庭内での虐待死、廣瀬爽彩さんへの凄絶ないじめ、吉川慎之介くんの事故死における原因究明の抜け穴、そういった痛ましい事故・事件の実態を知り、この国であまりに多くのこどもたちが身の危険にさらされながら生きている状況の不安定さに愕然としたことです。

こどもたちの命を、国として誰が守るのか。その責任の所在がはっきりしない限り、こどもたちは救えません。曲がりなりにも先進国と言われる日本で、こどもがこんなふうに次々と亡くなってはいけない。その強い思いを持って「こども（家庭）庁」発足まで駆け抜けてきました。

2021年1月24日、思いがけず菅前総理に公邸に呼ばれ、「こども庁」の創設を強く進言できたこと。そこから、自見さんとタッグを組んでゲリラ的に立ち上げた「Children Firstのこども行政のあり方勉強会」に多くの若手議員が参加してくれたこと、そこに多くの専門家や当事者がかけつけてくれたこと、総選挙のさなかもなんとか生き残り議論を続けられたこと、全国の知事会や地方議員も仲間になってくれたこと。

まさかの菅総理退陣表明後、総裁選のどまんなかで「公開討論会」をなんとか開き、こども政策を広く知ってもらえたこと。「こども家庭庁」創設の構想を、岸田政権に繋げることができたこと、なにより岸田総理がこども政策に真摯に向き合ってくれたこと。

年末の閣議決定ギリギリのタイミングで激しい党内議論の中、名称問題を乗り越えて党内でこども家庭庁設置が決まったこと、そして、反対意見も乗り越えて「こども基本法」を通すことができたこと。

すべてが、奇跡の寄せ集めでした。

そうして、2023年4月1日に「こども家庭庁」が発足しました。

「こども家庭庁」がこれだけのスピードで創設できたことの背景には、社会が「こどもが安心して暮らせる社会」を求めているという事実があったはずです。世論のバックアップがなによりの支えでした。

こどもの自殺や虐待がこれだけ多いという現実について、国会内外のこども政策の議論を通じて、これが最も大きな社会問題のひとつなのだと、より一層認知されるようになりました。「こども庁」創設の議論が始まって以来、これが大きな流れになっているのを肌で感じています。

「こどもの今の姿は、この国の未来の姿」。「こどもをまんなかに据えて、この国の未来を創っていく」この大きな流れをせきとめることなく、変化していかねばならない。一度できた大きな流れは、そうそう簡単に変わるものではない、これからが本当のスタートです。

ほんの2、3年前と今とでは、日本の政治のあり方も大きく変わりました。

保守的でマッチョな体質だった自民党が中心となって、こども政策に取り組み、「こども家庭庁」をつくっていくなど、数年前ではとても考えられませんでした。「こども」についての議論が行われること自体がほとんどなかった数年前の自民党とは隔世の感があります。

ふりかえれば、たしかに政治の世界に特有の駆け引きがあり、手順があり、時には妥協も必要でした。「名称問題」や「コミッショナー問題」などでは、自分たちの目指すところを、今回は通しきれませんでした。政治の世界に限ったことではありませんが、「すべて100％勝つ」ということでは世の中成り立っていないのだと痛感せざるを得ません。

しかしそれでも、永田町の風景は一変しました。外交や防衛がメインの議題であった場所から、いつしか福祉やこども政策について当たり前のように議論できる場所に生まれ変わったのです。

こども庁の発起人というかたちで、こうした永田町の変化を加速させることができたとすれば、私が党内で無派閥で、政局にもどちらかというと疎い人間だったからかもしれません。政治家としては、空気が読めない、失うものは何もないひとりの国民であったからこそ、本当に必要だと思ったことに向かって、迷いなく動いてこれたと自負しています。

私自身は、もともと政治の世界の人間ではありませんでした。民間企業や教育機関で仕事をする一般市民でした。

だから、政治の世界を見まわしていると、ごくごく普通の感覚で、「これっておかしいんじゃないの？」と思うことがたくさんあるのです。

政治家になって最初に考えたのは、かって大学の教官を経験していた時、将来不安で貯金をする学生の姿を目の当たりにし、若者や市民の将来不安を取り除きたいと考えていたことです。

「若者にとって大切なマンガやアニメ・ゲームの表現の自由が規制されるのは、おかしいんじゃないの?」「こどもがこんなにも虐待で亡くなっているのはおかしいんじゃないの?」「こどもの死因が究明されず、責任部署が曖昧だというのはおかしいんじゃないの?」「データを一元化しデータを活用できなければ、こどもを救えないんじゃないの?」「国民病である花粉症が放置されているのはおかしいんじゃないの?」「なぜ日本ではデジタル(DX)が遅れているの?」「このまま大震災で大きな被害が出るのを手をこまねいていてはいけないんじゃないの?」と。

この先も「こども政策」に限らず、日本が抱える大きな問題は山積みです。今後必ず来ると言われる首都直下型地震や南海トラフ地震を想定し、災害に強いインフラの整備を進めていかなければなりません。調査機関によって予想される死者数が、ここ何年も減っていないのは恐ろしいことですし、有効な対策が打てていないことの表れにほかなりません。予想できている被害に対し、何も手を打たないで犠牲者を出すことになれば、これは政府の責任以外の何者でもありません。

――「この問題は国の責任だ」といえることについては、政治が動くべきです。

ごく普通の感覚で何かがおかしい、国が率先して課題を解決するべきなのに何もできていない――そう思ったならば、まず「書面」にして、然るべき場所へ問いかけ、提案する。「書面」にしなければ民間企業であろうと党であろうと国であろうと、何も動きません。私は、公約のひとつひとつを、丁寧に調べ、あるべき姿と課題を迅速に「紙」にまとめ、関係各所に働きかけ、説得し、解決に向けて全力で動いてきましたし、今後もそうしていきたいと思っています。

国会議員の定数は、衆議院が465人、参議院が248人です。

700人以上の国会議員の一人ひとりが、専門分野を持って、本気で政策に向き合えば、それだけの数の分野と課題を解決でき結果を出せるはずです。そしてどんな議員を選ぶのかは、有権者一人ひとりの明日への選択です。

私は、必ず結果を出す政治家になりたいと考えて、そして困難を抱えるこどもとその家族を救いたい。その想いだけでガムシャラに進んできた2021年。

全てが始まったあの日、1月24日は、よく晴れたとても寒い日だったと今でもしっかり記憶しています。でも、その後、春が来て、夏が来て、冬になったのだけれども、暑さ寒さも忘れ、季節をまったく感じることもなく駆け抜けてきた一年でした。それが、こども（家庭）庁を約1年半で創設することができた、奇跡の年だったのです。

謝辞

本書は、2021年1月24日に菅前総理に「こども庁」の提案書を出してから、2022年6月15日のこども家庭庁設置法が可決するまでの約1年半を、特に私の視点から記録し記述したものです。こども家庭庁設立までの全過程において、本書に記述されていない事実が他にもあることは承知していますが、あくまで、私が直接かかわったこと、私から見えていたことを忠実に記述することに努めました。ですから、こども家庭庁創設に尽力された方々も、「こども政策」にもっと深くかかわられた方々も大勢いたと思いますし、私が見えていなかったこともたくさんあるのだと思います。そして、その方々はこどもたちのために、きっと言葉では語りつくせないご尽力をされていると思います。そのことへ、心から感謝を申し上げるとともに、そのことにほとんど本書で触れることができなかったことをここで謝らなくてはなりません。

こどもを守る仕組みづくりにおいては、中央と地方の政府関係者、国会と地方議員の皆さん方も本当に努力されてこられました。時には霞が関の官僚の方々と大激論をしたり、仕組みづくりの議論の過程で厳しくぶつかったりと、振り返れば、ここで謝っておかなくてはならないことも多々あると思っています。

そして、こどもたちを直接養育する親御さんたち、さらに養育者の皆様にも感謝するとともに、政治に携わるものとして、こどもたちや支えるご家庭の困難の解決や将来不安の解消を図ることは当然の責務として務めて参りたいと考えております。正に、これこそが、私がこども家庭庁創設やこども基本法の策定を目指した真の目的です。

本書執筆の目的は、「こども（家庭）庁」創設や「こども基本法」策定にあたり、背景になにがあったのか、最初から携わった者がしっかりと政治の歴史に記録を残しておくことです。なぜ、いままで「こども（家庭）庁」や「子ども家庭省」が必要だという声が政治の世界にも長くありながら、実現することができなかったのか。逆に、なぜ、今回、それが実現することができたのか。その過程において、どんな人がどんな思いで携わってきたのか、記録することが重要だと考えてきました。

そんななか、出版を目指していた時、星海社代表取締役社長の太田克史さんに快く引き受けていただき、出版に至り、大変ありがたく思っています。そして構成編集をしていただいた前田和宏さん、築地教介さん、玉居子泰子さんにも心から感謝を申し上げます。

第一次、第二次と「こども（家庭）庁」の提言書作成や私が担当するこども政策全般について、私の指示に嫌な顔ひとつ見せずに淡々と全ての交渉や取りまとめを行ってきた実務責任者であり、実は今回の真の立役者である私の公設秘書の小寺直子さん、そして自見はなこ議員を支え一緒に推し進めていただいた自見議員の前公設秘書（現旭川市議）の沼崎雅之さんや自見事務所の関係者の皆様方には特に感謝を申し上げたいと思っています。また、山田事務所でこれまで、こども政策や多くの政策を一緒に推し進め、本書の作成にも協力をしてきた秘書の小山紘一さん、荒井理沙さん、木下真智子さんにも大きな感謝を述べたいと思っています。

最後に、ここまで、こども庁創設を夢見て一緒に闘い、時には一緒に涙することもあった、自見さんには、国会で、政治家として人として、本当にこどもたちのために闘うことを学ばせてくれた素晴らしいバディーであったと、特段の感謝の気持ちを送りたいと思います。自見さん本当にスゲーよ！

「太郎とはなこのこども庁創設のものがたり」は、いったんここで暫時休憩としたいと思います。

皆様、本当にありがとうございました。

2023年7月
山田太郎

2022年6月15日　法案成立の日、国会議事堂にて（山田太郎事務所撮影）

こども家庭庁創設に関する年表

この年表は、こども家庭庁創設に関する山田太郎や「Children Firstのこども行政のあり方勉強会」、山田太郎が関わる会議体などの主な動きと、国会や党、政府機関等の主な動きを取りまとめたものです。

尚、山田太郎の動きや出来事については、「勉強会」や「会議・シンポジウム」、「国会答弁」や「視察」などの主要な事項のみをピックアップし、数多く実施した「府省庁とのレク」や「他の議員との打ち合わせ」等については紙幅の都合により省略しています。また肩書きは全て当時のものです。

〈凡　例〉

細字：山田太郎や山田太郎が関わる勉強会・会議体などの主な動き

太字：国会や党、政府機関等の主な動き

2021年（令和3年）1月24日	菅義偉内閣総理大臣に面会し、「こども庁」創設の私案を提出する
1月26日	参議院自民党不安に寄り添う政治のあり方勉強会第19回「コロナ禍における不安　女性・若者の自殺増加について」
2月2日	Children First のこども行政のあり方勉強会発足。勉強会第1回「市町村から見た中央での子ども行政のあり方」（講師：泉房穂（兵庫県明石市長））
2月4日	参議院自民党不安に寄り添う政治のあり方勉強会第20回「大人の知らない子ども・若者の不安」
2月8日	Children First のこども行政のあり方勉強会が「こども行政への要望・必要だと思うことアンケート（一般向け）」を開始
2月9日	Children First のこども行政のあり方勉強会第2回「かかりつけ助産師制度・院内助産システム」（講師：ドーリング景子（出産ケア政策会議共同代表・京都大学大学院助教）、中井章人（日本医科大学多摩永山病院院長）） 参議院自民党不安に寄り添う政治のあり方勉強会第21回「ーコロナ禍の不安ー新大学生、新社会人からの意見聴取」
2月10日	参議院自民党不安に寄り添う政治のあり方勉強会第22回「新大学生の不安解消のための取り組み」
2月16日	Children First のこども行政のあり方勉強会第3回「子どもの死亡事故と予防」（講師：西田佳史（東京工業大学教授）、吉川優子（一般社団法人吉川慎之介記念基金代表理事）、説明：厚生労働省子ども家庭局母子保健課）
2月22日	Children First のこども行政のあり方勉強会第4回「保育・教育の質の向上と子どもの発達」（講師：秋田喜代美（東京大学教授））
3月2日	Children First のこども行政のあり方勉強会第5回「子どもの虐待」（講師：奥山眞紀子（日本子ども虐待防止学会理事・前国立成育医療研究センターこころの診療部統括部長）、木下あゆみ（国立病院機構四国こどもとおとなの医療センター小児アレルギー内科医長））
3月9日	Children First のこども行政のあり方勉強会第6回「虐待と「日本版DBS」について」（講師：風間暁（虐待サバイバー・保護司・アドボケーター）、前田晃平（認定NPO法人フローレンス代表室））。風間暁さんの提言を受けて、それまで「子ども家庭庁」としていた名称を「こども庁」と変更する
3月12日	Children First のこども行政のあり方勉強会第7回「子どもホスピスについて」（講師：坂下一夫（長野県立こども病院血液腫瘍科部長）、内多勝康（国立成育医療センターもみじの家ハウスマネージャー）、田川尚登（認定NPO法人横浜子どもホスピスプロジェクト代表理事））
3月16日	参議院内閣委員会において、チャイルドデスレビューについての質疑を行い、各府省庁の縦割りにより所管が複雑に分割されたこども行政の状況を明らかにする Children First のこども行政のあり方勉強会第8回「第一次提言取りまとめ」、「こども行政への要望・必要だと思うことアンケート（一般向け）」の結果が公開される
3月19日	Children First のこども行政のあり方勉強会が「「こども庁」創設に向けた緊急提言」（「第一次提言」）を取りまとめる

3月21日　第88回自民党大会開催。菅義偉内閣総理大臣の演説の中で、こども政策が言及される

3月31日　Children First のこども行政のあり方勉強会が「『こども庁』創設に向けた緊急提言」（「第一次提言」）を下村博文政務調査会長、二階俊博幹事長に申し入れる

4月1日　Children First のこども行政のあり方勉強会が菅義偉内閣総理大臣に「『こども庁』創設に向けた緊急提言」（「第一次提言」）およびアンケート結果を申し入れる

4月5日　参議院決算委員会において自見はなこ参議院議員が質疑を行い、菅義偉内閣総理大臣よりこども庁創設についての検討を進めることについての答弁を得る

4月6日　Children First のこども行政のあり方勉強会第9回「こども庁創設に向けての期待」（講師：五十嵐隆（国立成育医療センター理事長））

4月7日　Children First のこども行政のあり方勉強会が「『こども庁』創設に向けた緊急提言」（「第一次提言」）およびアンケート結果を萩生田光一文部科学大臣に申し入れる

4月12日　Children First のこども行政のあり方勉強会が「『こども庁』創設に向けた緊急提言」（「第一次提言」）およびアンケート結果を田村憲久厚生労働大臣、坂本哲志内閣府特命担当大臣（少子化対策、地方創生）に申し入れる

4月13日　自民党において「『こども・若者』輝く未来創造本部（本部長：二階俊博幹事長）発足。（「①こども政策の変遷と現状・課題について　②『こども庁』創設に向けた緊急提言について」）（説明：Children First のこども行政のあり方勉強会 自見はなこ参議院議員、山田太郎）
同本部の幹事に就任する

4月15日　Children First のこども行政のあり方勉強会第10回「子どもにとって安心・安全な学校とは」（講師：尾木直樹（教育評論家・法政大学名誉教授））

4月22日　Children First のこども行政のあり方勉強会第11回「子どものいじめ・自殺」（講師：須永祐慈（ストップいじめ!ナビ副代表）、大貫隆志（一般社団法人ここから未来代表理事・指導死親の会協同代表））

4月26日　Children First のこども行政のあり方勉強会第12回「子どもの権利」（講師：笹川陽平（公益財団法人日本財団会長）、高橋恵里子（公益財団法人日本財団国内事業開発チームリーダー）、西崎萌（公益財団法人セーブ・ザ・チルドレン・ジャパン）、川瀬信一（子どもの声からはじめよう代表理事）、中村みどり（Children's Views & Voices 副代表））

4月27日　党「こども・若者」輝く未来創造本部「有識者ヒアリング①」（講師：五十嵐隆（国立成育医療研究センター理事長））

5月10日　Children First のこども行政のあり方勉強会第13回「食育〜子どもへの栄養教育の重要性〜」（講師：中村丁次（神奈川県立保健福祉大学学長・公益社団法人日本栄養士会会長）、村山伸子（新潟県立大学教授））

5月12日	参議院国民生活・経済に関する調査会の参考人質疑において、制度のはざまに落ちたこどもたちの困難について意見を述べる
5月14日	Children First のこども行政のあり方勉強会が「こども行政への要望・必要だと思うこと地方議員アンケート」を開始する 「こども・若者」輝く未来創造本部「有識者ヒアリング②」（講師：大谷泰夫（神奈川県立保健福祉大学理事長）、柴田悠（京都大学大学院准教授））
5月17日	Children First のこども行政のあり方勉強会第14回「子ども支援の「予算」と「人員」」（講師：柴田悠（京都大学大学院准教授））
5月19日	Children First のこども行政のあり方勉強会第15回「生理の貧困・ひとり親」（講師：宋美玄（丸の内の森レディースクリニック院長）、赤石千衣子（認定NPO法人しんぐるまざあず・ふぉーらむ理事長））
5月24日	Children First のこども行政のあり方勉強会第16回「子どもの貧困」（講師：末冨芳（日本大学教授・内閣府子供の貧困対策に関する有識者会議構成員）、渡辺由美子（認定NPO法人キッズドア理事長））
5月26日	Children First のこども行政のあり方勉強会第17回「こども行政への要望・必要だと思うこと地方議員アンケート」の結果を公開する（結果説明：長屋光征（岐阜県議会議員）、講師：佐藤篤（墨田区議会議員）、奥野詠子（富山県議会議員））
5月28日	Children First のこども行政のあり方勉強会第18回「第二次提言とりまとめ」、「こども庁創設と国への要請について」（講師：三日月大造（滋賀県知事・全国知事会次世代育成支援対策プロジェクトチームリーダー））
5月31日	党「こども・若者」輝く未来創造本部「①こども庁創設に向けた第二次提言（説明：Children First の子ども行政のあり方勉強会）②有識者ヒアリング③（講師：無藤隆（白梅学園大学子ども学部名誉教授）、大谷美紀子（国連子どもの権利委員会委員長））」
6月3日	党「こども・若者」輝く未来創造本部「「こどもまんなか」改革の実現に向けた緊急決議（案）について」「経済財政運営と改革の基本方針2021」に盛り込むべきこども政策を取りまとめる。
6月10日	参議院自民党不安に寄り添う政治のあり方勉強会第24回「コロナ禍の困窮子育て家庭の現状と浮かび上がった平時の課題」
6月11日	**医療的ケア児及びその家族に対する支援に関する法律案（議員立法）が可決される**
6月14日	Children First のこども行政のあり方勉強会第19回「子どもの健全な成長のための外あそび推進について」（講師：平岩国泰（NPO法人放課後NPOアフタースクール代表理事）、前橋明（早稲田大学教授）、小倉将信（衆議院議員））
6月17日	全国知事会次世代育成支援対策プロジェクトチーム（チームリーダー：三日月大造滋賀県知事）が「チルドレン・ファースト社会を構築するための緊急提言」を坂本哲志内閣府特命担当大臣に提出する

6月18日	**「経済財政運営と改革の基本方針2021」（骨太方針）が閣議決定され、こども庁にあたる行政組織の創設について早急に検討を開始することが明示される** 子どもの健全な成長のための外あそびを推進する会が加藤勝信官房長官に提言書を申し入れる
6月23日	参議院自民党不安に寄り添う政治のあり方勉強会が加藤勝信官房長官に「コロナ禍における不安や、生活困窮者への支援に関する緊急提言」を申し入れる
6月25日	参議院自民党不安に寄り添う政治のあり方勉強会が田村憲久厚生労働大臣に「コロナ禍における不安や、生活困窮者への支援に関する緊急提言」を申し入れる
7月6日	Children First のこども行政のあり方勉強会が「こども行政への要望・必要だと思うこと地方公務員アンケート」を開始する
7月7日	**行政組織の創設を検討するため、内閣官房に関係府省庁の職員からなる「こども政策の推進に係る作業部会」が設置されるとともに、同じく内閣官房に「こども政策推進体制検討チーム」が設置される**
7月29日	党「こども・若者」輝く未来実現会議「こどもまんなか政策について①「大阪府高槻市子ども未来部の取組」（説明：濱田剛史（大阪府高槻市長））」
8月3日	党「こども・若者」輝く未来実現会議「こどもまんなか政策について②「岐阜県「子ども調査」の取組」（説明：安江真美（健康福祉部子ども・女性局長））」
8月26日	党「こども・若者」輝く未来創造本部「「こどもまんなか」政策の議論の現状と今後の予定について」
9月1日	Children First のこども行政のあり方勉強会第20回「子育て支援を企業の成長戦略に」（講師：小坂肇（関西経済同友会共同委員長）、上田理恵子（同共同委員長））
9月3日	**菅義偉内閣総理大臣が、9月末に予定されていた自民党総裁選挙に立候補しないことを表明する**
9月8日	Children First のこども行政のあり方勉強会第21回「こども行政への要望・必要だと思うこと地方公務員アンケート」の結果を公開。「地方議員からこども庁の設置を求める要望書」を手交する（結果報告：長屋光征（Children First のこども行政のあり方勉強会地方議員連絡会代表世話人・岐阜県議会議員）、要望書手交：福井照（党「こども・若者」輝く未来創造本部事務総長・衆議院議員）、野田聖子（党「こども・若者」輝く未来実現会議座長・衆議院議員）、佐藤篤（墨田区議会議員））
9月14日	Children First のこども行政のあり方勉強会が菅義偉内閣総理大臣に「第二次提言」と「地方議員からこども庁の設置を求める要望書」を申し入れる
9月16日	**こども政策の推進に係る有識者会議第1回**
9月17日	Children First のこども行政のあり方勉強会第22回「コロナ禍における小児オンライン診療／医療相談」（講師：黒木春郎（外房こどもクリニック院長）、橋本直也（株式会社 Kids Public 代表取締役・医師）、説明：内閣官房こども政策推進体制検討チーム、デジタル庁）

9月21日　旭川市にて旭川市教育委員会から「廣瀬爽彩さんの事件について」ヒアリングを行う

9月22日　Children Firstのこども行政のあり方勉強会第23回「自民党総裁選立候補者によるこども庁創設にむけた公開討論会」（登壇：河野太郎（衆議院議員）、岸田文雄（衆議院議員）、高市早苗（衆議院議員）、野田聖子（衆議院議員）、こども庁設置を求める要望書提出：佐藤篤（墨田区議会議員）、メッセージ：平井伸治（全国知事会会長・鳥取県知事）、尾木直樹（教育評論家・法政大学名誉教授））

9月29日　**自民党総裁選挙が投開票となり、岸田文雄衆議院議員が第27代自民党総裁に選出される**

10月4日　**菅義偉内閣総辞職。第一次岸田文雄内閣が発足。野田聖子衆議院議員がこども政策担当大臣に任命される**

山田太郎がデジタル大臣政務官　兼　内閣府大臣政務官に任命される

10月14日　**衆議院が解散される**

10月18日　**こども政策の推進に係る有識者会議第2回**

10月31日　**第49回衆議院議員総選挙が投開票となる**

11月8日　**こども政策の推進に係る有識者会議第3回**

11月9日　内閣府大臣政務官として内閣官房行政改革推進本部事務局における秋の行政レビューにレビュワーとして出席し、「子どもを見守るためのデータ連携」と「教育現場のオンライン化の推進」について検証する

11月10日　**第二次岸田内閣が発足し、野田聖子衆議院議員がこども政策担当大臣に再任される**

山田太郎がデジタル大臣政務官　兼　内閣府大臣政務官に再任される

こども政策の推進に係る有識者会議第4回

11月17日　子ども基点で考える子育て研究会において、会長の総社市片岡聡一市長、和光市柴﨑光子市長、本庄市吉田信解市長、見附市久住時男市長、名張市亀井利克市長、和泉市辻宏康市長、守山市宮本和宏市長、前埼玉県和光市松本武洋市長と、こども庁創設について意見交換をする

11月18日　Children Firstのこども行政のあり方勉強会第24回「多世代交流拠点としてのこども食堂」（講師：湯浅誠（認定NPO法人こども食堂支援センターむすびえ理事長・東京大学特任教授））

11月19日　**こども政策の推進に係る有識者会議第5回**

11月20日　「日本子どもフォーラム～子どもの権利を基盤とした子ども施策の実現に向けて～」にモデレーターとして参加し、スコットランド子ども若者コミッショナーのブルース・アダムソンさんらとともに、こども基本法についてパネルディスカッションを行う

11月23日	スコットランドの初代首相のマコーネル議員（Lord McConnell MP）と、イングランドの元教育大臣であるトゥイッグ議員（Stephen Twigg MP）、ラウトン議員（Tim Loughton MP）と「こども庁やこども政策」に関する意見交換をする
11月24日	Children First のこども行政のあり方勉強会第25回「孤立防止支援と伊達市版ネウボラ」（講師：三浦りさ（一般社団法人ママの孤立防止支援協会代表理事）、畠香苗（伊達市教育委員会こども部ネウボラ推進課課長））
11月26日	Children First のこども行政のあり方勉強会第26回「子ども成長見守りシステム」（講師：松澤ひとみ（大阪府箕面市教育委員会事務局子ども未来創造局子育て支援室））
	デジタル大臣政務官として「第1回こどもに関する情報・データ連携副大臣プロジェクトチーム」に出席する
11月29日	**こども政策の推進に係る有識者会議において「第一次報告書」が取りまとめられる**
	児童の養護と未来を守る議員連盟が、児童福祉法の改正について後藤茂之厚生労働省に申し入れを行う。また同連盟の役員に就任する
11月30日	党「こども・若者」輝く未来創造本部「①今後の進め方について②こども政策の推進に係る有識者会議報告書について」
	こども政策の推進に係る作業部会第2回会議において「こども政策の新たな推進体制に関する基本方針（原案）」が取りまとめられる（この原案に「いじめ」についての記載なし）
12月2日	党「こども・若者」輝く未来実現会議「こどもの政策の新たな推進体制に関する基本方針について」新たに本部長に茂木敏充幹事長、座長に加藤勝信議員が就任
12月6日	**第207回国会における岸田文雄内閣総理大臣所信表明演説で「こども中心の行政を確立するための新たな行政組織の設置」が言及される**
	「こども政策の新たな推進体制に関する基本方針（12月7日案）」にいじめに関する記載が加わるが不十分な内容
12月7日	党「こども・若者」輝く未来実現会議「こどもの政策の新たな推進体制に関する基本方針について」
12月8日	参議院自民党不安に寄り添う政治のあり方勉強会第25回「子どもの貧困の状況と課題」
12月13日	Children First のこども行政のあり方勉強会第27回「多様な教育支援のあり方」（講師：安藤大作（公益社団法人全国学習塾協会会長）、伊藤清隆（リーフラス株式会社代表取締役）、末冨芳（日本大学教授））
	「こども政策の新たな推進体制に関する基本方針（12月15日案）」にいじめに関する記載がさらに加わり、こども家庭庁がいじめ問題において果たす役割が明記される
12月15日	党「こども・若者」輝く未来創造本部・内閣第一部会合同会議「こども政策の新たな推進体制に関する基本方針（案）について」
12月21日	**「こども政策の新たな推進体制に関する基本方針」が閣議決定され、内閣官房に「こども家庭庁設置法案等準備室」が設置される**

12月23日　Children First のこども行政のあり方勉強会第28回「『子ども基点で考える子育て研究会』より提言・要望」（講師：片岡聡一（子ども基点で考える子育て研究会会長・岡山県総社市長）、髙橋敏彦（岩手県北上市長）、成澤廣修（東京都文京区長）、髙橋勝浩（東京都稲城市長）、亀井利克（三重県名張市長）、宮本和宏（滋賀県守山市長））

2022年（令和4年）

1月17日　**第208回国会における岸田文雄内閣総理大臣施政方針演説において、「こども家庭庁」の創設が明言される**

1月18日　党「こども・若者」輝く未来実現会議（ヒアリング：笹川陽平（公益財団法人日本財団会長）、高橋恵里子（公益財団法人日本財団公益事業部長）、奥山眞紀子（子どもの権利を保障する法律および制度に関する研究会座長・日本子ども虐待防止学会理事）、辻由起子（大阪府子ども家庭サポーター））

1月20日　Children First のこども行政のあり方勉強会第29回「子どもアンケート調査結果」（アンケート結果紹介：公益社団法人セーブ・ザ・チルドレン・ジャパン）

1月21日　デジタル大臣政務官として「第2回こどもに関する情報・データ連携副大臣プロジェクトチーム」に出席する

1月25日　党「こども・若者」輝く未来実現会議「こども基本法（仮称）について」

1月26日　Children First のこども行政のあり方勉強会第30回「寝屋川市における『いじめゼロ』への新アプローチ」（講師：尾木直樹（教育評論家・法政大学名誉教授）、広瀬慶輔（大阪府寝屋川市長））

1月28日　厚生労働部会「児童福祉制度の今後のあり方について」

1月31日　内閣府大臣政務官として「内閣府規制改革推進会議人への投資ワーキング・グループ第2回会議」に出席し、「初等中等教育における専門人材の活用について」というテーマについて意見を述べる

2月4日　「こども・若者」輝く未来実現会議「こども基本法（仮称）について」

2月8日　党「こども・若者」輝く未来実現会議「閣法「こども家庭庁設置法案」閣法「こども家庭庁設置法の施行に伴う関係法律の整備に関する法律案」について」

2月17日　党内閣第一部会・「こども・若者」輝く未来創造本部合同会議「閣法「こども家庭庁設置法案」、閣法「こども家庭庁設置法の施行に伴う関係法律の整備に関する法律案」【法案審査】」

2月22日　厚生労働部会・虐待等に関する特命委員会・障害児者問題調査会合同会議において「児童福祉法等の一部を改正する法律案について【法案審査】」

2月25日　「こども家庭庁設置法案」および「こども家庭庁設置法の施行に伴う関係法律の整備に関する法律案」が閣議決定。国会提出される。付託委員会は衆議院内閣委員会および参議院内閣委員会

3月4日　党「こども・若者」輝く未来実現会議「こども基本法案（骨子素案）について」

3月9日　参議院自民党不安に寄り添う政治のあり方勉強会第29回「困窮子育て世帯をとりまく状況・自殺対策について」

3月10日	党「こども・若者」輝く未来実現会議「こども基本法案（骨子素案）について」
3月25日	党「こども・若者」輝く未来実現会議「こども基本法案（要綱案）について」
3月28日	参議院自民党不安に寄り添う政治のあり方勉強会第31回「困窮子育て世帯をとりまく状況についてヒアリング」
3月29日	鳥取県にて「平井伸治鳥取県知事とともに考えるシンポジウム――こどもの視点にたった政策とは―― ～こども政策の充実と、こどもの基本法の制定に向けて～」に登壇し、基調講演を行う
	党内閣第一部会・「こども・若者」輝く未来創造本部合同会議「議員立法「こども基本法案」【条文審査】」
4月4日	「こども基本法案」（議員立法）が国会提出される。付託委員会は衆議院内閣委員会および参議院内閣委員会
4月7日	デジタル大臣政務官として「第3回こどもに関する情報・データ連携副大臣プロジェクトチーム」に出席する
4月20日	**衆議院内閣委員会で両法案が審議される**
4月21日	**衆議院内閣委員会で両法案が審議される**
4月22日	**衆議院内閣委員会で両法案が審議される**
4月27日	**衆議院内閣委員会で両法案が審議される**
4月28日	**衆議院内閣委員会で両法案が審議される**
4月29日	岐阜県揖斐郡の不登校特例校「西濃学園」を視察する
5月9日	Children First のこども行政のあり方勉強会第31回「「こども家庭庁設置法案」の審議状況と「こども基本法案」」（報告：橋本岳（「こども・若者」輝く未来実現会議事務局長・衆議院議員））
5月11日	**衆議院内閣委員会で両法案が審議される**
5月13日	**衆議院内閣委員会で両法案が審議され、可決される**
5月14日	山形市にて「佐藤孝弘市長とともに考える、こども政策シンポジウム」に参加し、基調講演を行う
5月15日	山形市にて、インクルーシブな児童遊戯施設「シェルターインクルーシブプレイスコパル」と、ICT教育に取り組む「惺山高等学校」、「山形市立商業高等学校」を視察する
5月17日	**衆議院本会議で「こども家庭庁設置法案」「こども基本法案」が衆議院で可決される**

5月19日	**参議院内閣委員会で両法案が審議される**
5月24日	参議院内閣委員会で両法案が審議される。自見はなこ議員からのこどものデータの取扱いについての質疑に対して、デジタル大臣政務官の立場で答弁する
5月30日	福岡市にて「こども政策シンポジウム」に参加し、基調講演を行う
	福岡市にて、産前・産後母子支援センター「こももティエ」を視察する。里親養育に取り組む「NPO法人SOS子どもの村JAPAN」を視察する
6月2日	**参議院内閣委員会で両法案が審議される**
6月7日	**参議院内閣委員会で両法案が審議される**
6月8日	宮路拓馬内閣府大臣政務官とともに、東京都杉並区で不登校支援に取り組む認定NPO法人カタリバを視察する
6月10日	**参議院内閣委員会で両法案が審議される**
6月14日	**参議院内閣委員会で両法案が審議され、可決される**
	デジタル大臣政務官として「第4回こどもに関する情報・データ連携副大臣プロジェクトチーム」出席する
6月15日	**参議院本会議で「こども家庭庁設置法案」「こども基本法案」が可決される**
	Children First のこども行政のあり方勉強会第32回「「こども家庭庁設置法」と「こども基本法」成立」（野田聖子（内閣府特命担当大臣・衆議院議員）、加藤勝信（「こども・若者」輝く未来実現会議座長・こども基本法発議者・衆議院議員）、牧原秀樹（勉強会共同代表世話人・衆議院議員）、木原誠二（勉強会共同代表世話人・衆議院議員）、長屋光征（地方議員連絡協議会世話人・岐阜県議会議員）、三日月大造（全国知事会次世代育成支援対策PTリーダー・滋賀県知事）、宮路拓馬（内閣府大臣政務官））
6月17日	**内閣官房に「こども家庭庁設立準備室」が発足する**
6月20日	熊本市で「こうのとりのゆりかご（赤ちゃんポスト）」を運営する慈恵病院を視察する
6月22日	**「こども家庭庁設置法」「こども基本法」が公布される**
7月23日	東京都にて「こども基本法制定記念シンポジウム～こどもの視点にたった政策とは～」に登壇する
7月26日	党「こども・若者」輝く未来創造本部「こども施策をめぐる最近の動向について」
8月10日	**第二次岸田文雄改造内閣が発足し、小倉將信衆議院議員が内閣府特命担当大臣（こども政策）に就任する**
8月26日	Children First のこども行政のあり方勉強会第33回「日本大学文理学部末冨芳教授ご講演「今後のこども関連予算がどうあるべきか」」（講師：末冨芳（日本大学教授））

	9月4日	イギリス、フランスを視察。こども関連の視察として「オフステッド」「こどもコミッショナー」「少子化対策」について視察
	9月13日	**こども政策の推進に係る有識者会議第6回**
	9月28日	Children First のこども行政のあり方勉強会第34回「宗教2世の虐待の問題について」（講師：宗教2世の虐待の問題に関する3名の当事者の方）
	10月6日	参議院自民党不安に寄り添う政治のあり方勉強会第32回「自殺対策と困窮子育て家庭の実態」
	10月28日	党「こども・若者」輝く未来実現会議「①こども施策をめぐる現状と課題について②こども関係予算の拡充に関する決議（案）について」
	10月31日	参議院自民党不安に寄り添う政治のあり方勉強会第33回「24時間対応のチャット相談窓口の現場から」
	11月7日	Children First のこども行政のあり方勉強会第35回「外国人のこどもを取り巻く課題について」（講師：坂本久海（認定NPO法人愛伝舎理事長））
	11月25日	参議院自民党不安に寄り添う政治のあり方勉強会第34回「NPO支援の課題について」
	11月29日	Children First のこども行政のあり方勉強会第36回「不登校について」（講師：北浦茂（学校法人西濃学園学園長）、今村久美（認定NPO法人カタリバ代表理事））
	12月9日	参議院消費者問題に関する特別委員会においてカルト宗教二世の虐待問題について質疑を行う
	12月10日	参議院本会議に登壇し、消費者契約法、法人寄附不当勧誘防止法について代表質問を行う（カルト宗教二世虐待問題について）
	12月21日	この日から23日まで3日間の韓国視察。こども政策関連としては、「児童権利保障院」、「児童養護施設（イドゥン・アイ・ビル）」、「養子縁組家庭支援センター」を視察する
	12月26日	東京都渋谷区の「こどもデータ連携等に関する取り組み」を視察する
2023年（令和5年）	1月19日	党「こども・若者」輝く未来創造本部「①関係省庁会議（第一回）の議論について【報告】②実現会議の今後の進め方について」
	1月20日	孤独孤立対策特命委員会にて、埼玉県戸田市の「戸田市立芦原小学校」「埼玉県立戸田翔陽高等学校」「戸田市立教育センター」を視察する
	2月2日	党こどもDX小委員会「地方自治体のこども見守りデータ連携の事例についてヒアリング（大阪府箕面市「こども成長見守りシステム」、兵庫県尼崎市「こどもの育ち支援システム」）」
	2月6日	党「こども・若者」輝く未来実現会議「こども政策について（関係団体よりヒアリング：全国知事会、全国都道府県議会議長会、全国市長会、全国市議会議長会、全国町村会、全国町村議会議長会、全国過疎地域連盟）」
		参議院自民党不安に寄り添う政治のあり方勉強会第35回「物価高騰の影響による子育て困窮世帯の現状について」
	2月8日	党「こども・若者」輝く未来実現会議「関係省庁会議（第2回）の議論（経済的支援の強化）について【報告】」

2月9日	党こどもDX小委員会「①母子保健の電子化の現状について【厚生労働省】②産前産後・母子保健のDX（電子母子手帳の活用）について：母子モ株式会社」
2月10日	岐阜市の「子ども・若者総合支援センター"エールぎふ"」と、不登校特例校「岐阜市立草潤中学校」を視察する
2月13日	党「こども・若者」輝く未来実現会議「こども政策について（関係団体よりヒアリング：日本医師会、日本歯科医師会、日本看護連盟、日本栄養士連盟、日本産婦人科医会、日本理学療法士協会」
2月14日	党こどもDX小委員会「アウトリーチ支援におけるDXについてヒアリング：認定NPO法人 Learning for All、NPO法人あなたのいばしょ」
2月15日	不安に寄り添う政治のあり方勉強会第35回「データに基づく日本の子どもの貧困の状況」 **こども政策の推進に係る有識者会議第7回**
2月16日	党「こども・若者」輝く未来実現会議「ハンガリーにおける少子化対策について講師：パラノビチ・ノルバート（ハンガリー駐日特命全権大使）」
2月19日	大阪市の児童福祉施設（母子生活支援施設）「ボ・ドーム大念仏」等を視察する
2月20日	党「こども・若者」輝く未来実現会議「こども政策について（関係団体よりヒアリング：全私学連合、日本私立中学高等学校連合会、全日本私立幼稚園連合会、日本造園組合連合会、日本造園建設業協会、日本公園施設業協会」
2月21日	党「こども・若者」輝く未来実現会議「関係省庁会議（第3回）の議論（幼児教育・保育サービスの強化、全ての子育て家庭を対象としたサービスの拡充）について」
2月22日	党こどもDX小委員会「①厚生労働省より説明　②児童虐待におけるDXについてヒアリング（AIを活用した児童虐待対応支援システムの活用）：株式会社AiCAN」
2月27日	党「こども・若者」輝く未来実現会議「こども政策について（関係団体よりヒアリング：全国保育推進連盟、保育三団体協議会、児童健全育成推進財団、全国社会福祉協議会、国民健康保険中央会、新公益連盟）」
3月6日	党「こども・若者」輝く未来実現会議「有識者ヒアリング：安藏伸治明治大学政治経済学部教授（明治大学付属明治高等学校・明治中学校校長）」 党こどもDX小委員会「地域コミュニティとデジタル化についてヒアリング：株式会社 AsMama、TIS株式会社」
3月8日	参議院自民党不安に寄り添う政治のあり方勉強会第36回「困難を抱えた若者の課題と子どもの貧困対策」
3月9日	参議院内閣委員会において、障がい児の児童手当・不登校問題・不適切指導問題について質疑を行う
3月13日	党「こども・若者」輝く未来実現会議「関係会議等からの報告：少子化対策調査会（説明：衛藤晟一調査会長）、教育・人材力強化調査会（説明：柴山昌彦調査会長）、Children First のこども行政のあり方勉強会（説明：山田太郎）」

3月15日	**こども政策の推進に係る有識者会議第8回**
3月16日	党こどもDX小委員会「論点整理について」
3月22日	党「こども・若者」輝く未来実現会議「論点整理案の骨子案について」
3月23日	党「こども・若者」輝く未来実現会議「関係省庁会議（第4回）の議論（働き方改革の推進と育児休業制度の強化）について」
3月27日	党「こども・若者」輝く未来創造本部「論点整理案について」
3月28日	**こども政策の推進に係る有識者会議において「第二次報告書」が取りまとめられる**
3月29日	党「こども・若者」輝く未来創造本部で取りまとめた「「次元の異なる少子化対策」への挑戦に向けて（論点整理）」を小倉将信こども政策担当大臣に申し入れる
4月1日	**「こども家庭庁設置法」「こども基本法」が施行され、こども家庭庁が発足**
	こども家庭庁発足式が行われる
4月3日	参議院決算委員会において岸田文雄内閣総理大臣に質疑を行い、こども政策に対する意気込みについての答弁を得る。また小倉将信こども政策担当大臣に対してこども家庭支援センターについて質疑を行い、答弁を得る
	党「こども・若者」輝く未来実現会議「①こども家庭庁」の発足について②「こども・子育て政策の強化について（試案）」について」
4月4日	参議院内閣委員会においてこども大綱、EBPM、こどもの自殺の背景調査と指導死の関連、ブラック校則、引きこもり、発達障がいのこどもたちについて質疑を行い、小倉将信こども政策担当大臣の答弁を得る
4月13日	党「こども・若者」輝く未来創造本部・政調全体合同会議「「こども未来戦略会議」に関する報告等について」
4月27日	参議院自民党不安に寄り添う政治のあり方勉強会第37回「子どもの貧困と高校教育について」
5月15日	参議院決算委員会においてCDRについて、齋藤健法務大臣、自見はなこ内閣府大臣政務官に質疑を行い、答弁を得る。
6月2日	党政調全体、「こども・若者」輝く未来創造本部合同会議「「こども未来戦略方針」（案）について」
6月14日	Children First のこども行政のあり方勉強会第37回「「こども政策実施にあたっての要望書」」（講師：野田聖子（衆議院議員）、長屋光征（地方議員連絡協議会世話人・岐阜県議会議員）、ごうまなみ（長崎県議会議員））
6月15日	党こどもDX小委員会「子育てDXについて関係者ヒアリング：一般社団法人こどもDX推進協会」

星海社新書
268

こども庁《ちょう》—「こども家庭庁《かていちょう》創設《そうせつ》」という波乱《はらん》の舞台裏《ぶたいうら》—

二〇二三年八月二一日 第一刷発行

著者 山田太郎《やまだたろう》

発行者 太田克史《おおたかつし》
編集担当 前田和宏《まえだかずひろ》
構成 玉居子泰子《たまいこやすこ》

発行所 株式会社星海社
〒一一二-〇〇一三
東京都文京区音羽一-一七-一四 音羽YKビル四階
電話 〇三-六九〇二-一七三〇
FAX 〇三-六九〇二-一七三一
https://www.seikaisha.co.jp

発売元 株式会社講談社
〒一一二-八〇〇一
東京都文京区音羽二-一二-二一
(販売)〇三-五三九五-五八一七
(業務)〇三-五三九五-三六一五

印刷所 凸版印刷株式会社

アートディレクター 吉岡秀典《よしおかひでのり》(セプテンバーカウボーイ)
デザイナー 山田知子《やまだともこ》(チコルズ)
フォントディレクター 紺野慎一《こんのしんいち》
図版 ジェオ
校閲 鷗来堂《おうらいどう》

BN978-4-06-532899-6
Printed in Japan

268
SEIKAISHA SHINSHO